国家自然科学基金项目（71563030）
江西省教育厅科技项目（DB201609043）
南昌航空大学科研成果专项资助基金　　联合资助出版

航空复杂产品项目的知识服务
网络构建与治理机制研究

Research on Knowledge Service Network Construction and
Governance Mechanism of Aviation Complex Product Project

周　叶　王青青　李　影　杨俊清◎著

经济管理出版社
ECONOMY & MANAGEMENT PUBLISHING HOUSE

图书在版编目（CIP）数据

航空复杂产品项目的知识服务网络构建与治理机制研究/周叶等著.—北京：经济管理出版社，2022.12

ISBN 978-7-5096-8920-2

Ⅰ.①航…　Ⅱ.①周…　Ⅲ.①航空工业—工业产品—项目管理—研究　Ⅳ.①F407.56

中国版本图书馆 CIP 数据核字（2022）第 255554 号

组稿编辑：张馨予
责任编辑：张馨予　杜羽茜
责任印制：许　艳
责任校对：蔡晓臻

出版发行：经济管理出版社
　　　　　（北京市海淀区北蜂窝 8 号中雅大厦 A 座 11 层　100038）
网　　　址：www.E-mp.com.cn
电　　　话：（010）51915602
印　　　刷：北京虎彩文化传播有限公司
经　　　销：新华书店
开　　　本：720mm×1000mm/16
印　　　张：11.75
字　　　数：200 千字
版　　　次：2023 年 3 月第 1 版　　2023 年 3 月第 1 次印刷
书　　　号：ISBN 978-7-5096-8920-2
定　　　价：88.00 元

前　言

　　航空复杂产品不仅是复杂产品的典型，更是在国家综合实力发展中军事力量增强的证明，其不仅具有跨学科、复杂难度高、研发周期长等特点，还要求研究人员具备综合实力和创新力，能够解决突发问题。我国在航空复杂产品研究中，取得了不小的成就。例如，我国自主研制的大型民用客机 C919、大型军用运输机运-20 和预警机空警-2000 均取得突破性发展，这些型号的飞机无论是在研究经费、研制周期还是飞机性能等方面都获得了一些令人满意的成果。这些大型或者超大型的制造项目为航空复杂产品项目，同一型号或者单架的飞机基本上是大型的航空复杂产品项目。对于一个国家而言，大型制造项目的技术密集、资金筹备能力最能凸显该国在制造领域的水平。但是，航空复杂产品项目的发展不是一蹴而就的，难免会遇到一些结构化或者非结构化的问题。本书主要是针对航空复杂产品项目中知识服务网络构建与治理机制中存在的问题，通过不同的分析方法，提出相应的解决措施，主要内容如下：

　　（1）基于演化机理和系统动力学的相关理论分析航空复杂产品项目知识服务网络的构建。首先分析知识服务网络的形成机理，分别从外部环境和内部需求这两个角度分析其影响要素；其次利用系统动力学的流率基本入树模型分析知识网络构建的动力机制；最后运用博弈理论分析知识服务网络的演化机理，帮助读者了解航空复杂产品知识服务网络的形成机理。

　　（2）运用知识服务理论分析航空复杂产品项目的知识服务问题。知识服务理论主要体现在航空复杂产品项目中知识需求方和知识服务方对知识服务的问题处理上，运用知识服务网络对航空复杂产品项目知识服务网络运营进行研究，分析知识服务在整个网络构架中的运作。

（3）基于四大治理分析航空复杂产品项目的知识服务网络的治理机制。在关系治理中，主要运用信任和激励模型来处理航空复杂产品项目知识服务网络成员之间的冲突，增强合作度；在结构治理中，主要运用结构洞理论，在建立全联通的知识服务网络结构后，针对各知识服务网络模块，实现对各网络模块的结构优化；在合同治理中，主要通过博弈理论分析不同合同模式中存在的问题，并建立模型来解决问题；在行为治理中，针对拒绝加入知识服务网络和知识共享敌意行为这两大行为进行分析并提出相应的治理措施。

（4）理论研究与案例分析相结合。从航空复杂产品项目主体对知识服务存在的问题入手，对知识服务网络构建和治理采用多种相关理论进行系统的理论研究；在案例方面，以我国自主研制的大型民用客机 C919 项目为例，分析理论研究的有效性。

本书有助于读者了解和熟悉航空复杂产品项目的知识服务网络构建、运营机制以及治理机制，具体从关系治理、结构治理、合同治理、行为治理四个方面分析航空复杂产品项目的知识服务网络中存在的问题，有针对性地利用相关方法去分析这些问题，给出相应的解决措施，为航空复杂产品项目的知识服务网络的构建与治理提供科学依据。本书可以为相关领域的研究机构、相关企业还有政府部门提供决策参考，为相关研究人员提供素材借鉴。

本书的出版得到了国家自然科学基金项目（71563030）、江西省教育厅科技项目（DB201609043）和南昌航空大学科研成果专项资助基金的联合资助，本书建立在许多学者的研究成果基础之上，在此一并表示衷心感谢！另外，还要特别感谢北京科技大学的王道平教授、南昌航空大学的贾伟强教授、南京信息工程大学的彭本红教授对本书编写所做出的贡献！

本书只是初步研究了航空复杂产品项目的知识服务网络构建与治理机制的相关问题，还有大量内容需要深入挖掘和研究，由于学识和精力有限，本书难免存在不足与疏漏，希望读者批评指正！

目　录

第1章 绪论

1.1 研究背景、目的与意义

1.1.1 研究背景

党的十八大以来，我国工业经济发展积极适应经济发展新常态的要求，逐渐由规模速度型向质量效益型方向发展。在高端装备制造领域，我国自主研制的大型民用客机 C919、大型军用运输机运-20 和预警机空警-2000 均取得突破性发展，这些型号的飞机无论是在研究经费、研制周期还是飞机性能等方面都获得了一些令人满意的成果。这些大型或者超大型的制造项目为航空复杂产品项目，同一型号或者单架的飞机基本上是大型的航空复杂产品项目。对于一个国家而言，大型制造项目的技术密集、资金筹备能力最能凸显该国在制造领域的水平。

航空复杂产品项目是涉及多学科、多主体以及跨国境知识获取和整合的庞大工程，但是航空复杂产品项目所需的知识与知识分布不可避免地存在结构性矛盾，并且在现有的航空复杂产品制造业中，许多组织仅仅重视制造方面的项目管理，却忽视了研发、销售、售后等各个零散部分的重要性。而如果要将一个航空复杂产品项目做得好，及时分享各自的知识尤为重要，要想在最大程度上发挥各个组织的作用，必须保障信息流畅、交流沟通顺畅，克服不同部门、组织之间的交流障碍。因此，有效整合零散的航空复杂产品知识，对于提升项目组利用知识创造价值的能力以及促进航空产业的健康发展至关重要。通过知识服务网络将分散的知识源连接起来，是项目组利用知识创造服务价值的前提。通过知识服务网络，项目组能成为知识服务的受益者，更能进一步促进航空复杂产品项目的顺利实施。

目前，在航空复杂产品项目知识服务网络中，知识服务方与知识需求方存在着明显的信息不对称问题，影响着知识服务的效果，进而影响航空复杂产品项目的顺利推进。因此，在航空复杂产品项目的直视服务网络构建与治理机制中，有很多需要关注的问题。首先，面向航空复杂产品项目的知识服务以及知识需求是什么？航空复杂产品项目知识服务网络是怎样运作的？其次，面向航空复杂产品项目的知识服务网络治理存在哪些问题以及其目前所处的环境是怎样的？知识服务网络的构建机制是什么？在航空复杂产品项目知识服务网络中，如何处理关系治理、结构治理、合同治理和行为治理中存在的问题，提高知识服务方的服务效率，促进知识服务网络的良性发展？本书首先对知识服务网络的构建、运营和治理机制进行理论分析；其次从关系治理、结构治理、合同治理和行为治理四个方面分析知识管理中存在的问题，建立相关的模型来解决问题，并给出一些建议，以提高知识服务水平；最后以大型民用客机 C919 项目为例进行案例分析，期待能够在航空复杂产品项目知识服务网络的治理方面取得新的成效。

1.1.2　研究目的与研究意义

（1）研究目的。

我国的航空制造业规模不断扩大、实力不断增强，一直处于快速增长的局面。复杂产品项目在国内外有一些研究，在航空复杂产品领域的研究较少，知识服务逐渐成为知识管理的研究热点。本书在知识服务网络与复杂产品项目理论分析的基础上，对航空复杂产品项目的知识服务网络构建与治理机制进行研究，以知识管理为视角，针对航空复杂产品项目的知识服务网络构建和治理机制中面临的问题寻求相应的解决对策，以提高知识服务水平。

（2）研究意义。

本书立足于航空复杂产品项目发展迅速的时代背景，首先针对知识服务网络中存在的现实问题，对航空复杂产品项目知识服务网络进行系统性的研究，分析知识服务网络的构建机制、运营机制和治理机制，其次通过理论和建模分析结构治理、关系治理、合同治理和行为治理中存在的知识服务问题，最后结合案例进行分析，并提出建议。因此，本书研究具有较强的理论意义和实践价值。

1）理论意义：尽管国内外学者已经认识到知识服务网络的治理问题，但鲜有研究从知识服务角度和对航空复杂产品项目知识服务网络构建和治理机制提出防范的建设性意见，大多数学者对知识服务网络和治理研究主要集中在企业，对航空复杂产品项目的研究不多，把两者结合进行研究的文献也较少，因此，本书在研究视角上具有一定的创新性，在研究方法上具有较强的系统性和创新性。

2）实践意义：本书结合实际问题的研究，在知识服务网络构建和治理机制的基础上总结归纳出了知识服务对航空复杂产品项目各主体合理的、有指导意义的激励内容，结合案例分析知识服务网络的治理机制，并提出相应的对策建议。知识服务网络的有效治理，不仅可以提升整个项目组的知识应用和知识创新水平，而且有利于在航空复杂产品研发、制造、市场等各个过程中技术上的突破，降低各种技术方面的风险，缩短研制周期，节省研发、制造和服务等投入。本书研究对于航空工业的知识服务和创新水平的提高具有实际价值，研究结论与建议可为未来我国航空复杂产品项目在知识管理研究领域提供不同的视角分析和理论依据。

1.2　国内外研究现状述评

下文将对航空复杂产品项目的知识服务网络构建和治理机制的相关研究成果和研究进展进行归纳、总结和述评。第一部分是关于复杂产品项目的相关文献研究，主要包括复杂产品项目研发以及风险评价研究和复杂产品项目知识管理研究等相关文献梳理；第二部分是关于知识服务的相关文献研究，主要包括知识服务影响因素、关系和评价研究；第三部分是关于知识网络的相关文献研究，主要包括知识网络本身以及稳定性、知识网络与绩效关系、知识网络、合作网络以及其他网络关系方面的研究；第四部分是关于治理的相关文献研究，主要包括网络治理研究、契约和关系治理研究，以及对治理产生影响的因素研究方面的相关文献综述。

1.2.1 复杂产品项目的相关文献研究

复杂产品系统的概念最早是由学者 Hobday 和 Brady（1998）提出来的，是指研制成本高、技术密集型、由用户定制的单件或小批量生产的大型产品、系统、服务和基础设施。在复杂产品项目的过程研究方面，Gann 和 Salter（2000）认为基于项目的组织、项目式的创新，基于项目的知识管理等是生产复杂产品系统的企业进行有效创新的关键因素，并指出基于项目的组织（Project-Based Organizations，PBO）是针对复杂产品系统最合适的组织形式。Siyam 等（2015）主要关注与精益相关的复杂系统产品开发的价值理念，阐明了价值传递机制，有助于理解和改进价值体系。Roehrich 等（2019）研究了复杂产品系统（Complex Product Systems，CoPS）的管理创新过程，详细分析了关于建立集成项目团队的开发和好处。在利益相关者研究方面，Lehtinen 等（2019）探讨了企业为什么，以及如何在复杂的产品系统中长期参与和脱离外部利益相关者的价值创造活动，同时也提出了一个用于复杂产品系统中进行利益相关者管理的过程模型。

在复杂产品项目研发以及风险评价研究方面，王娟茹和杨瑾（2012）证明了产品复杂性、激励机制以及信任关系等因素对航空复杂产品研发团队知识集成的影响。在风险评价方面，马骋远等（2016）提出了"复杂产品项目战略贴合度"的概念，并以航空复杂产品类企业为背景进行案例分析，验证了复杂产品研发项目战略贴合度评价模型的有效性。黄克望和张丹平（2018）采用层次分析法和模糊综合评价法进行风险评价，认为航空复杂产品项目研制风险较高，需要重点关注技术难度风险。李芮萌等（2022）为了提高复杂产品研发项目抵御设计变更风险的能力，构建考虑组织失效和组织间协调的复杂产品研发项目设计变更风险传播动力学模型。在复杂产品项目管理以及技术研究方面，孙建玲等（2004）针对航空项目数据管理中存在的问题，旨在提高项目的动态综合管理能力，提出一种基于时间 Petri 网的数据管理模型。孟庆浩（2017）构建基于不同用户组的三级管控的项目管理模式，实现了复杂航空产品的异地协同研制和协调管理。曾德麟等（2017）从信息处理理论视角，探讨复杂产品制造企业如何运用信息技术提升复杂产品制造敏捷性，认为企业应该提高对信息处理需求的识别能力和信息处理能力，同时应重点关注这两种能力的匹配。

在复杂产品项目知识管理研究方面，郑轶松等（2007）在复杂产品项目组织结构中应用了知识地图工具。陈占夺（2008）认为组织能力、IT 能力是复杂产品系统环境下关键的知识管理影响因素。张国峥和王娟茹（2011）构建了航空复杂产品研发团队知识集成能力评价指标体系，提出了基于熵权和区间数 TOPSIS 的评价模型。龙侃（2011）提出了一种支持复杂产品设计的知识导航技术，可以有效获取复杂产品的设计知识，进一步解决复杂产品设计效率低下的问题。Xu 等（2011）针对复杂的 GPS 数据处理，构建了一种知识库系统和相应的创新推理机制。杨延璞等（2013）以知识地图为基础，创建复杂产品虚拟维护训练系统，并以飞机维护训练为例进行了系统实现与验证。Wu 等（2018）为解决工业复杂产品制造企业在知识提炼和知识再利用方面的问题，构建基于语义超图的知识表示框架，以支持产品的知识共享。

1.2.2 知识服务的相关文献研究

在知识服务方面，国外研究普遍采用知识密集型服务业的概念。目前，企业界与学术界普遍认同知识密集型服务是指那些通过大量依赖于专业领域的专业知识，向社会与用户提供基于知识的中间产品或服务的公司和组织。

在知识服务的影响因素研究方面，陈可和涂平（2014）证明客户动机是促进服务补救中独立参与和共同参与行为的最重要因素，同时，企业应该推动客户社会化过程，合理设计补救可得性，全面提升服务效率和水平。Santos 和 Spring（2015）也认为客户参与是进行有效的知识密集型服务业（Knowledge-Intensive Business Service，KIBS）的必要条件，但是由于不同的原因，知识密集型服务业客户并不总是能够积极地参与交付过程，因此，除了客户教育，供应商还应使用预防和问题管理策略来平衡有限的客户参与。

在知识服务关系研究方面，Kohtamäki 和 Partanen（2016）探讨了关系学习在供应商与客户互动中的调节作用，认为供应商与客户的关系必须以学会从供应商的知识密集型服务业产品中共同创造价值为特征。Pina 和 Tether（2016）从经验上确定了"知识库"，然后将这些知识库与知识密集型服务业之间存在的多样性联系起来。Miozzo 等（2016）认为适度强调正式的可拨款机制可以防止共同开发的知识资产的所有权冲突和知识泄露，同时也可以避免法律部门对创新合作过于严格的控制可能带来的负面影响。Lafuente 等（2017）研究了如何利用制造企业和知识密集型服务业部门之间潜在的互联性，认为属地服务化有助于制造部门创造就业。Lee 和 Miozzo（2019）认为以科学为基础的知识密集型服务业公司与制造公司一样，是与大学进行创新的积极合作者。如果这些公司还提供高度定制的服务，这种关系将进一步加强。Chih 等（2019）进一步强调了服务提供者和他们的客户之间互惠互动对双方共同创造价值的重要性；同时，服务提供者的专业知识和能力及其客户的专业知识水平和互动动机对于实现有效的互动至关重要。

在知识服务评价方面，武澎和王恒（2012）针对现有评价方法的不足，提出一种基于知识服务超网络模型的知识服务相关能力的评价算法。陈希等（2015）提出并定义了二元语义 Choquet 积分算子，给出了一种基于二元语义 Choquet 积分算子评价知识服务能力的方法。在知识服务网络研究方面，金春华（2013）研究了供应链知识服务网络中的知识投入问题，认为不同策略下知识需求方收益所得大于知识提供方。王道平和周叶（2012）依据不同的敏捷供应链中存在不同的知识服务主体及其网络拓扑结构，指出了一种优化的混合型知识服务网络模式，为敏捷供应链企业建设合理有效的知识服务网络提供了参考。王道平等（2013）认为转移媒介、转移情境和知识特性等是影响知识服务网络中知识转移行为演化的主要因素。康阳春和王海南（2018）通过构建战略性新兴产业知识网络、专家网络以及知识—专家超网络，验证基于知识超网络模型的知识服务体系的可行性。

1.2.3　知识网络的相关文献研究

知识网络是近年来出现的研究热点，其理论随着知识管理和复杂网络理论的发展得到了快速发展。在 20 世纪 90 年代中期，Beckmann（1995）最早提出知识网络的概念，他认为知识网络是生产和传播科学知识的机构与活动。Kobayashi（1995）对这一概念进行了扩展研究，他认为知识网络是由节点集合和节点之间的连接组成的系统。

在知识网络本身以及稳定性研究方面，Malhotra 和 Nair（2016a）通过动态的知识开发、学习和稳定性，展示具有神经认知知识处理能力的智能链接，证明了平衡过程对保持知识网络稳定性的重要意义。随后，Malhotra 和 Nair（2016b）的研究开辟了一条将认知和神经元特征植入知识网络的途径。他们认为神经认知知识网络模型是一个具有节点和链接的知识网络，其开发目的是提供处理人脑认知过程的方法，对有效的信息处理非常有用。Jiang 等（2018）的研究旨在探讨一种基于医学知识网络的判别权重学习方法，提出了一种训练模型，称为最大边际医学知识网。徐汉青等（2018）的研究结果表明，随着领域知识的发展，知识网络逐渐趋近于相对稳定的"无标度"网络。

在知识网络与绩效关系的研究方面，肖亮等（2018）以跨境 B2C 出口企业为对象，构建多重知识网络嵌入与企业绩效关系的研究模型。王新华等（2018）认为知识网络多维嵌入中的知识嵌入最有利于提升组织创新力。Shahraki（2019）研究探讨了知识管理在组织发展过程中的关键性作用，提出建立区域知识网络以及一个知识型城市的模式。陈旭等（2020）利用汽车制造上市公司的数据，分别探讨了知识多样性和知识网络密度对企业创新绩效产生的作用以及知识网络密度在其中的调节效应。

在知识网络、合作网络以及其他网络关系研究方面，谢一鸣等（2018）引入知识网络和合作网络变量来分析两种网络嵌入的双重作用，认为通过网络关系的知识获取行为有利于个体创新。欧阳雪（2018）探究了双层知识网络结构洞与企业二元式创新绩效之间的关系，并深入分析组织冗余、开放度在其关系中所发挥的调节作用。高群婷（2018）分析了知识网络与合作网络的结构特征对企业二元式创新绩效造成的影响，认为两个网络的结构特征以不同的方式影响着企业二元式创新绩效。杨博旭（2018）探索企业多重网络嵌入与双元创新之间的联系，同时将产业集聚纳入研究，构建"集聚—嵌入—创新"的研究框架，讨论了产业集聚对企业双元创新影响的微观机制。

1.2.4　治理的相关文献研究

关于网络治理研究，左小明和李诗田（2011）从复杂系统、自组织理论的视角，运用协同学和耗散结构的相关原理，分析集群条件下供应链向供应网络演进的机理和供应网络的自组织过程，并对多核集群供应网络治理给出了具体对策。唐秋伟（2012）把网络治理分为三种治理形式，认为在选用何种网络治理形式之前需要考察每一种形式的有效性条件。孙国强和范建红（2012）以具有典型网络合作特征的企业为调查对象，从目标、结构、机制和环境四个方面全面分析影响治理绩效的因素，并运用结构方程模型对这些因素进行了实证检验。温晓敏和郭丽芳（2020）在三种网络治理机制，即契约、信任、学习治理机制中加入网络治理能力作为中介变量，从理论上分析了网络治理机制对网络治理绩效的影响。

关于契约、关系治理研究，Granovetter（1985）认为关系治理应着重关注社会性互动、社会性嵌入在经济行为中产生的影响。符加林（2008）认为纵向一体化治理、长期显性契约治理和隐性企业治理这三个基本方式能有效抑制"敲竹杠"行为。Liu 等（2009）认为关系治理是防止机会主义和达成信任关系的有效工具。彭雪红（2010）认为知识网络中的高度信任水平是可以防范机会主义、提高合作绩效的良好机制。Li 等（2010）认为正式的治理机制依托完备的契约，因此需要着重关注契约的完备性。Espallardo 等（2010）认为契约治理和关系治理并不是两条不相干的平行线，在有些时候需要联合起来，共同作用于治理。Sánchez 等（2012）也认为组织需要同时运用契约治理和关系治理这两种方式来深化合作伙伴之间的关系。刘凤芹和王姚瑶（2013）提出完善的声誉机制和默认合约能有效治理机会主义行为。白鸥等（2015）进一步研究契约治理和关系治理之间的关系，认为在服务创新网络的情境下，契约治理会减弱关系治理对知识获取的增强效应。李晓东和王龙伟（2016）认为契约和信任对于显性知识的获取具有互补性作用，并且长期导向会增强这一作用，而对于隐性知识的获取具有替代性。邓程等（2020）通过调查问卷方法对中国制造企业收集数据，考虑环境动态性的调节作用，分析契约控制、契约协调对知识转移效率与效果的影响。

对治理产生影响的因素研究方面，丰超等（2019）认为，网络密度会增加制造商与经销商之间的合同治理强度，使双方签订的合同更加详细，并进一步减少双方之间的渠道冲突。庄贵军等（2019）基于交易成本理论，对制造商渠道治理模式进行了研究，结果表明 IT 能力可以有效帮助企业加强渠道管理、合同管理以及关系治理。在治理理论研究方面，韩兆柱和于均环（2018）通过运用比较研究法对整体性治理、合作治理与合同制治理理论进行甄别，同时指明三大理论之间存在差异性，特别是在价值取向方面差异显著。

1.2.5 简要述评

从上述有关复杂产品项目、知识服务、知识网络和治理等相关文献的研究发现，目前该领域的研究主要存在以下几点不足：

（1）国内外已经认识到知识管理在航空复杂产品项目中的重要作用，但由于航空复杂产品项目的复杂性以及知识管理的重要性，需要进行有效的知识管理，才能提升复杂产品的研发、制造和服务水平。

（2）知识服务已经成为知识管理领域一个新的研究热点，但现有的研究成果以航空复杂产品项目知识管理为主，还没有进行广泛有效的研究与应用，主要还是集中在图书和情报领域。由于航空复杂产品项目知识管理在知识主体行为方面存在多样性，在知识服务方面存在网络性，因此有必要对航空复杂产品项目知识服务网络的构建与治理问题进行深入研究。

（3）近年来，知识网络作为知识管理的一种新的管理模式，获得了广泛的关注，在知识网络的构建、运行机制以及与企业绩效的关系等方面取得了丰富的研究成果。但是，知识网络的应用性研究大都聚焦于产业集群、科学和引文网络等领域，对于航空复杂产品项目方面的研究还较为缺乏。本书将知识网络研究领域的有关理论和方法应用于航空复杂产品项目知识服务网络的治理方面的研究，同时，在研究方法上也将进一步拓展。

（4）近年来，关于治理领域的研究获得了较为广泛的关注，在契约、关系、网络治理等方面取得了一些研究成果。但是，对于治理的研究主要以企业为对象，而以航空复杂产品项目知识服务网络为对象的治理研究依然较为缺乏。因此，本书基于网络治理、契约与关系治理等理论，对航空复杂产品项目知识服务网络的构建与治理机制进行深入研究，以期弥补现有研究的不足。

1.3 研究方法与思路

1.3.1 研究方法与理论

（1）文献研究法。收集、查阅和整理当前与本书研究相关的优秀论文、专著、政府相关的政策法规等文献资料，追踪相关的前沿成果，全面掌握国内外相关研究现状和未来发展趋势。通过文献研究法，深入考察航空复杂产品知识服务网络现状，探究知识服务网络合同治理以及治理所面临的问题，并寻求有效的解决办法，为后续对策研究提供理论基础。

（2）理论研究与案例分析相结合。从航空复杂产品项目主体对知识服务存在的问题入手，对知识服务网络构建和治理采用多种相关理论进行系统的理论研究；在案例方面，以我国自主研制的大型民用客机 C919 为例，分析理论研究的有效性。

（3）复杂网络理论。运用复杂网络相关概念说明一个航空复杂产品项目知识服务网络主要包括哪些基本要素，分析航空复杂产品项目知识服务网络的特点和模式，以更加直观地认识服务知识网络。

（4）网络治理理论。主要是在第 7 章中的结构治理中提出结构洞理论，分析航空复杂产品项目的知识需求方和知识服务方在各节点存在的信息不对称问题，通过运用结构洞理论，打通信息传递渠道，提高知识的沟通和获取能力、资源的有效配置，促进知识服务网络的有效运行。

（5）合同理论。合同理论为合同的性质、作用、设计和应用等提供简便的研究框架与方法。它所研究的问题主要有：为了解决交易中存在的机会主义问题如何去设计合同，或者是当出现信息不能证实的情形时如何设计合同等。运用合同理论研究航空复杂产品项目的知识服务网络中知识需求方和知识服务方的合同治理问题。

（6）博弈理论。根据博弈论的性质，可以将其分为四个部分：占优策略均衡、贝叶斯均衡、纳什均衡与子博弈精炼纳什均衡。根据知识服务网络构建和治理中出现的问题结合实际情况运用博弈理论中的相关理论展开研究。

（7）知识服务理论。知识服务理论主要体现在航空复杂产品项目中知识需求方和知识服务方对知识服务的处理问题上，运用知识服务理论对航空复杂产品项目知识服务网络的构建与运营进行研究，分析知识服务在整个网络构架中的作用以及如何有效利用。

1.3.2 研究内容

本书共分为 10 章，具体内容如下：

第 1 章：绪论。阐述了本书的研究背景、研究目的与研究意义，梳理了国内外的相关研究，分析了航空复杂产品项目知识服务网络的研究现状，主要包括复杂产品知识管理、知识服务网络、知识服务和治理四个方面的研究成果，为下文的研究奠定理论基础，最后简要介绍了本书的研究内容和研究思路。

第 2 章：航空复杂产品项目的知识服务网络。本章详细介绍了航空复杂产品项目知识服务网络的相关概念、特点及模式等基础知识，在阐述集中式、分布式和第三方这三种不同的航空复杂产品项目网络模式的基础上，提出了一种优化的混合型知识服务网络模式，并对四种模式进行对比分析。

第 3 章：航空复杂产品项目知识服务网络的构建机制。本章主要分析了航空复杂产品项目知识服务网络的形成机理，通过运用系统动力学分析航空复杂产品项目知识服务网络的动力机制以及运用演化博弈分析其演化机理，为构建航空复杂产品项目知识服务网络提供相应的对策。

第 4 章：航空复杂产品项目知识服务网络的运营机制。本章主要通过知识服务网络运作过程分析航空复杂产品项目知识服务网络的运营机制，满足航空复杂产品项目的知识服务方和知识需求方双方的知识需求。

第 5 章：航空复杂产品项目知识服务网络的治理机制。本章通过治理环境、治理问题、治理目标、治理模式和治理机制五个方面分析航空复杂产品项目知识服务网络存在的问题，并给出相应的解决措施。

第 6 章：航空复杂产品项目知识服务网络的关系治理。关系治理中运用激励模型和信任模型进行分析，解决航空复杂产品项目知识服务网络成员间的冲突与矛盾，提高成员间的信任与协调合作。

第 7 章：航空复杂产品项目知识服务网络的结构治理。运用结构洞理论，建立一个有效率的、全联通的知识服务网络，实现资源的有效配置以及促进知识服务网络的有效运行。

第 8 章：航空复杂产品项目知识服务网络的合同治理。面对航空复杂产品项目知识服务过程中存在的"逆向选择"和"道德风险"问题，需要知识服务方通过合同理论和博弈理论建立博弈模型分析并设计有效的合同运用与治理。

第 9 章：航空复杂产品项目知识服务网络的行为治理。在行为治理中，主要针对拒绝加入知识服务网络和知识共享敌意行为这两大行为进行分析并提出相关的治理措施。

第10章：案例实证研究。主要以第5章中构建的治理机制建立的相关模型为依据进行研究。结合具体案例，以我国自主研制的大型民用客机 C919 项目为研究对象，分析 C919 项目知识服务网络以及实际中的知识服务网络构建与治理机制存在的问题，并提出相关建议。

1.3.3 研究思路

本书遵循"文献分析—理论分析—案例实证分析"的基本研究思路，以分析航空复杂产品项目的知识服务网络构建和治理机制为研究对象，以提高知识服务网络为治理目标，对航空复杂产品项目知识服务网络、构建机制、运营机制、治理机制进行分析。本书的主要研究思路如图 1-1 所示。

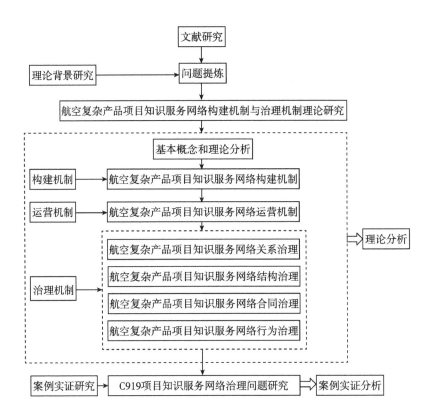

图 1-1　本书研究思路

第2章 航空复杂产品项目的知识服务网络

2.1 航空复杂产品项目知识服务网络的概念界定

2.1.1 航空复杂产品项目知识服务网络的定义

（1）知识网络的定义。

进入 21 世纪，知识已取代土地、劳动力和资本等传统的生产要素成为企业的关键资源。正如"现代管理学之父"彼得·德鲁克（1999）所言："知识已经成为关键的经济资源，而且是竞争优势的主导性来源，甚至可能是唯一的来源。"为此，越来越多的企业开始认识到知识对于企业生存和发展的重要性，如何最大限度地掌握和利用知识资源也就成为企业知识管理的重要内容之一。由于知识需求与知识分布之间存在结构性矛盾，企业所需要的知识散落分布在社会的每个角落，如果不能有效地将散落的有效知识整合起来，则企业利用知识创造价值的能力将大大下降，因此，将分散的知识源通过知识网络连接起来，是企业利用知识创造价值的前提，通过知识网络，企业才能真正成为知识的集合体（詹勇飞和金生，2009）。

知识网络的研究始于 20 世纪 90 年代中期，其概念最早是由 Beckmann 提出的，他认为知识网络是进行科学知识生产和传播的机构和活动（娄策群和周承聪，2007）。美国国家科学委员会认为知识网络是一个社会网络，该网络能提供知识、信息的利用等（赵蓉英和邱均平，2007）。国外从事知识管理研究的学者对知识网络的定义大致是：知识网络指的是一批人、资源和他们之间的关系，为了知识的积累和利用，通过知识创造、知识转移，促进新的知识利用。此定义主要是针对企业内部及企业外部知识的创造、利用和传播（陈远等，2007）。

知识网络已成为组织中实现知识管理的有效实践工具和实践知识管理的主要平台，构建知识网络已成为企业实施知识管理的基本方法，越来越多的企业通过构建知识网络来获取外部知识和提升企业创造价值的能力。

（2）知识服务网络的定义。

在国外的研究文献中，有关于知识服务的出现频率较高的是知识密集型服务业、知识密集型服务、知识密集型服务活动等与知识服务相关的概念。目前，企业界和学术界普遍认同的是英国曼彻斯特大学 Miles 教授的观点，他认为知识密集型服务业是指那些显著依赖于专门领域的专业性知识，向社会和用户提供以知识为基础的中间产品或服务的公司和组织。芬兰 SC 研究中心的 Kuusisto 总裁认为知识密集型服务就是显著依赖于某一具体领域的知识或专业技能的商业服务公司，为客户提供以知识为基础的并对客户公司知识流程产生贡献的中间产品和服务（Javalgi et al.，2005）。谭小蓓（2011）认为知识服务是用户驱动的服务，它是面向知识内容、面向解决方案、面向增值服务的服务。

知识服务是以信息知识的搜寻、组织、分析、重组的知识和能力为基础，根据用户的问题和环境，融入用户解决问题的过程中，提出能够有效支持知识应用和知识创新的服务。知识服务是知识市场化和专业化的必然趋势，一方面可以促进知识服务业的快速发展，当前我国知识服务业还处于起步阶段，需要大力发展知识经济，建立创新型社会，加强知识服务产业的国际竞争力（严苏和吴国蔚，2008）；另一方面可以满足不同企业对于知识的个性化需求，这种分工合作可以使企业更专注自己的核心领域，这也是供应链管理的核心思想之一。

知识网络与知识服务网络有共同之处，如两者都是知识在组织间传递和共享的模式，在网络中都会进行知识识别、知识创造、知识学习等活动。但知识网络的概念缺乏明确的知识加工和服务主体，只是强调以知识为纽带的一种网络关系，而知识服务网络的概念则明确强调了网络中的知识服务方和知识需求方，这个概念更能满足知识日益专业化、市场化和个性化服务的需求。

（3）航空复杂产品项目知识服务网络的定义。

航空复杂产品项目组除了需要在知识网络中共享所获得的原始知识，还需要经过专业化知识加工活动，如知识整理、知识发现、知识编码、知识转化和知识创新等的个性化知识服务。此外，项目组成员之间在知识资源方面存在互补性，在知识需求方面既有一定的相似性又有个性化需求的差异性，这就需要专业的知识服务机构来为项目组成员提供相应的知识需求服务。它以项目组成员的即时知识需求为驱动，从各种显性和隐性信息资源中，挖掘和创新有价值的动态信息资源，并通过知识服务平台进行即时的知识传递和知识共享，以此为项目组成员提供所需的各种智力支持和智力服务的高增值服务。

因此，知识服务在知识创造和知识扩散中具有重要的作用，更能满足项目组对于诸多知识资源的即时个性化需求和知识市场化的发展。这种由知识服务供应方和需求方所构建的以即时高效知识服务为目的的合作关系网称为知识服务网络。知识服务网络是组织中实现知识共享、知识服务和知识管理的主要平台，构建知识服务网络已成为组织提升知识管理水平和增强核心竞争力的有效手段。一个运行良好的知识服务网络可以使知识在供应链各个主体间的流通更为快速、顺畅，在动态竞争的环境中构成知识服务的动态供需网络，及时对技术的飞速变革和日益增强的消费能力做出反应并保持其灵活性。

航空复杂产品项目知识服务指从各种显性和隐性信息资源中，以项目组成员的即时知识需求为驱动，挖掘和创新有价值的动态信息资源，并在知识服务平台中由知识服务方向知识需求方提供各种智力支持和智力服务的高增值服务。本书把这种由项目组中知识服务方和知识需求方所构建的以知识服务为目的的关系网称为航空复杂产品项目知识服务网络。

2.1.2　航空复杂产品项目知识服务网络的构成要素

（1）复杂网络的介绍。

具有高度复杂性的网络简称为复杂网络，在数学的层面上可以解释为一个图，即有着非常复杂的拓扑结构特征的图。同时，复杂网络具有简单网络，如随机网络、晶格网络等所不具有的结构特征，因此复杂网络可以用来研究现实环境中各类高度复杂性系统。物种间的捕食关系、语义联系，蛋白质之间、神经元之间的通信反馈作用，计算机网络链接，人群社会相互关系等通常可以看作一个复杂网络系统。图 2-1 为简单网络示意。

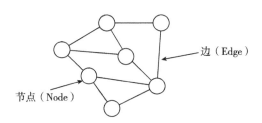

图 2-1　简单网络示意

　　一个复杂系统通常可以用图来表示。假设一个节点集合 A 和另一个节点集合 B 所组成的图为网络 G（A，B），那么，这个网络中节点的个数为 X，边数就是节点之间互相连接的数目，有 Y 条。通过研究，将图 2-1 中所有的节点数据存放在一个一维数组中，将顶点间弧或者边的数据存放在一个二维数组中，这个二维数组就是邻接矩阵，即表示顶点节点之间相邻关系的矩阵。因此，它可以作为网络的抽象表示。在邻接矩阵 C_{ij} 中可以包含网络的所有拓扑结构信息。所以，网络的拓扑性质由此产生，即网络中不依赖于节点具体位置和边的具体形态表现出来的性质，当然拓扑结构就是相应的结构特征。在 G（A，B）中，它包含了 X 个点，因此其邻接矩阵是 X 阶方阵，网络中节点 i 与点 j 的连接关系用矩阵元素 c_{ij} 表示：如果节点 i 与 j 相连，则 $c_{ij}=1$，否则 $c_{ij}=0$。

　　近年来，随着网络不断的发展，复杂网络系统通过统计分析和数据采集处理的决策操作变得越来越简单。因此，专家声称，大部分复杂系统在现实研究中被发现具有以前随机网络研究时未被发现的宏观特性。对网络研究而言，这无疑给传统的网络研究带来了巨大的冲击和挑战，与此同时，也为网络深入的研究提供了强大的支持，为今后的网络研究开辟出了一条新的道路。

　　（2）构成要素。

　　一个航空复杂产品项目知识服务网络包含航空复杂产品项目知识服务接收方

或发送方（即网络节点）以及航空复杂产品项目知识服务接收方和知识服务发送方之间的联系两个基本要素，且可表示为由该航空复杂产品项目知识服务范围内知识服务接收方和发送方及两者之间的联系所组成的复杂网络。

（3）构成要素之间的联系。

航空复杂产品项目知识服务网络的网络节点主要包括航空复杂产品设计开发商、制造商、供应商、销售商、客户、情报咨询机构、科研院所等机构及其知识型员工。

由于航空复杂产品项目知识服务网络中的每个节点都有自己的知识储备和知识需求、知识服务战略目标和行为能力，且节点之间的联系比较散乱，各节点之间信息交流时会在一定程度上受到限制，无法将知识服务的信息交流最大化。

传统的项目中没有很强的知识服务的意识，在信息流通的过程中，很多时候知识都只是与上下游的合作伙伴有信息交流的过程，且分享的信息具有一定的局限性和保密性，使沟通无法流畅。如图 2-2 所示传统项目中的关系，制造商根据开发商的信息，制造某一型号的飞机，生产完成后交付给供应商，供应商通过销售商将飞机销售给客户，客户根据自己的需求使用飞机。但是客户只能通过销售商了解飞机的部分相关信息，并不能获得有关整体的了解，而站在销售商和供应商的角度，他们只能通过制造商了解该型号的飞机，并不能很好地了解飞机的研发信息等。

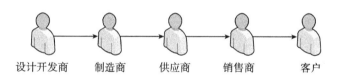

设计开发商　　制造商　　供应商　　销售商　　客户

图 2-2 传统项目中的关系

因此，通过构建知识服务网络连接分散的节点是实现知识服务网络化的重要手段。构建了知识服务网络之后，不管是网络中哪个节点，只要有需求，都可以随时通过知识服务网络平台发送或接收查询自己所需的知识服务信息。

2.1.3 波音 787 项目知识服务网络构成要素

在波音 787 项目知识服务网络中，不同的网络节点负责不同的工作，分工明确且条理清晰，各节点之间协调合作，知识服务交流相对通畅。

（1）波音全球性生产供应商节点。

波音的生产供应商分布在全球范围内，主要在全球 66 个国家。每个供应商都具有自己独特的竞争优势和核心的研发和制造技术。波音 787 知识服务网络中各节点要素分布在全球几十个国家和地区，研发机构将波音 787 研发设计完成后，将各类生产部件信息分享在知识服务网络中，同时波音公司将这些部件生产任务外包给世界各地的供应商，即知识服务网络中的节点供应商。这些供应商要按照知识服务网络中的任务进行集成合作，除了要完成提供的部件和系统的生产，还要完成相关部件的综合和系统集成。在中国，西安飞机工业（集团）有限公司、成都飞机工业（集团）有限公司、天津波音复合材料有限责任公司、哈飞航空工业有限责任公司均为波音 787 项目的成功实施做出了巨大贡献，它们都是波音 787 项目知识服务网络中不可或缺的重要组成部分。

当前，民用航空的发展对中国经济的发展具有非常重要的地位。与此同时，波音公司对中国航空业的发展提供了支持，为了跟上中国经济发展的步伐，波音公司帮助中国航空业发展建立了安全、高效以及盈利的航空体系。波音公司在中国分别在航空安全、质量管理、企业管理和高层管理方面培养了大量的专业人才，为他们提供无条件的专业技术支持和技术培训。波音公司可以在中国投资的公司内进行一系列的活动，如业务发展、政府关系、市场营销、销售及全球合作伙伴等。同时，波音大部分的采购都是在中国进行的，这个采购量远远大于在其他地区的采购量。另外，波音公司在中国香港地区还设立了办事处。在中国共有150 万名波音员工，与其业务相关联的公司员工已经远远超过了 6000 人。波音公司对中国的这些投资，不仅可以帮助中国供应商更好地提供优质服务满足波音顾客的需求，同时还扩大了自己的业务范围，在中国占领了一定的市场。

（2）波音共用服务节点。

波音共用服务节点分别为航空航天设计制造部和航空公司提供支持服务、高效和创新的公共服务，它隶属于波音其余的业务部门。主要内容包括防火服务、员工身心健康、灾难防护、招聘和培训知识型员工、现场服务、员工业务持续能力等项目。

（3）波音金融公司节点。

波音金融公司节点提供飞机金融服务，主要包括提供资产方面和管理技术资产的融资方案，为波音公司的项目和服务提供有效的决策方案；同时还提供金融方面的服务，包括运营融资等方面的租赁、销售和售后回访服务、长期性的服务承诺，以及长短期的融资等。

（4）波音飞机贸易公司节点。

波音飞机贸易公司节点将通过租赁回报、交易及各类其他方式获取和满足高标准的二手飞机进行销售和租赁。主要为需要快速扩张机队或者没有购买能力的运营商提供贸易服务。其提供的每一架飞机都满足波音公司的高标准，符合用户的需求，并且每一架飞机均完全享受波音的全球支持服务。

（5）波音民用航空服务部节点。

波音民用航空服务部节点提供综合性基础服务，帮助解决各类技术问题，保障各项工作顺利进行。其中综合业务解决方案、材料管理、维修和工程服务、全球客户支持、飞机运营支持、机队改进和改装都包含在这个服务部节点之内，且为其主要内容。

（6）其他节点。

其他节点还包括科研人员、情报咨询机构、科学研究院等。它们在波音 787 项目知识服务网络中分享着专业的知识服务，为该项目的研发制造、销售、售后等提供强有力的支持。

在整个波音 787 项目知识服务网络中，每一个节点成员都十分重要。在专业知识服务共享的过程中，它们达成一定的共识，分享各自的核心知识，帮助快速完成波音 787 项目，为波音公司提供优质的服务，创造共同的利益。

2.2　航空复杂产品项目知识服务网络的特点

2.2.1　航空复杂产品项目中知识的特点

航空复杂产品项目中的知识除了具有一般知识特征还有其自身的特点，本书将航空复杂产品项目中的知识特征归结为以下八点（李霞等，2007；王宁，

2008；刘勇军，2006）：

（1）知识的即时需求性。

知识的价值是有时效性的，过期的信息就丧失了价值，而且知识的即时供应和快速分享对于项目的敏捷性至关重要，因此在航空复杂产品项目中对知识的需求是即时的。

（2）知识的广泛共享性。

借助一定的媒介，知识可在项目内广泛传播和共享，为项目的协同服务。与物质和能量不同，知识不会因共享而被转移或消耗。

（3）知识的动态性。

项目中的知识处在快速变化的内外环境中，会跟随环境快速变化表现出动态性；同时，在整个项目扩散中，知识的层次、水平也会随着节点组织知识能力的提升而不断发展变化。

（4）知识的多样性。

在整个项目中传播的知识表现形式是多样化的，既有数字、表格、文本等常见格式的信息，又有声音、图像和视频等多媒体信息；既有显性知识，还有难以用文字描述的隐性知识等，这就增加了知识加工和传播的难度。

（5）知识的隐含性。

知识的隐含性主要体现在作为客体的知识和作为认识主体的人之间存在着不可分割性。因为从本质上讲，知识是人对事物的认识，这种认识是个人的、主体的。知识的隐含性一方面阻碍了知识的传播和共享，约束了知识效用的扩散；另一方面也限制了知识的模仿，保护了知识拥有者的权益。对于项目管理而言，对隐性知识的充分挖掘和利用是成功的关键。

（6）知识的增值性。

知识在整个项目中不断地产生、加工、传播和使用，在此过程中知识不断被提炼、充实和丰富，知识也获得了增值。这种增值活动来源于对知识的正确加工和完善，而不是对知识的扭曲和误导。

（7）知识的波粒二相性。

知识既具有实体的性质，又具有过程的性质。从静态的观点来看，知识是一个个实体，我们可以对其进行识别、分类、组织、收集、挖掘和测度；而从动态的观点来看，知识则是一个包括创新、提高和应用的循环过程。

（8）知识的两面性。

项目成员企业知识的相互作用具有两面性。一方面，互补性知识资源的共享和利用，使得整个项目的效率得以提升，对项目协同起正向作用；另一方面，不相容的知识扩散，降低了项目中知识处理的效率，增加了模糊性，对项目协同起负向作用。

2.2.2　航空复杂产品项目中知识服务的特点

由于项目中的知识具有上述特性，因此项目的知识服务在综合考虑项目中知识特征和服务需求的基础上，可以将其特点归结为以下四点：

（1）面向多用户的定制化知识服务。

项目是由许多成员企业共同联结的，不同企业所需要的知识各异，而且知识的共享是分等级的，因此，不是所有的知识都在整个项目中进行传播和共享，需要根据用户的个性化需求，从各种显性和隐性信息资源中，帮助用户检索所需信息，并对信息进行分析、过滤、加工、重组，直至获得满足用户需求的知识。这种面向不同知识用户的定制化服务包括个性化的服务行为、多样化的服务过程和定制化的服务结果，是为不同用户量身定做的，能满足用户的个性化知识需求。

（2）多元化的专业知识服务。

项目中知识服务所需知识往往涉及多个领域和企业主体，有行业信息、市场信息、销售信息、物流信息、生产信息，供应信息、客户信息、科技信息等，因此知识服务提供方需要建立广泛的知识网络，注重知识资源的积累，建立广泛的知识和信息采集渠道，包括项目合作伙伴、顾问、竞争对手、政府相关部门、商业性的专业服务组织等。同时，这种知识服务是由专业部门（或机构）的专业人员来完成的，是一种专业化的服务，能直接为用户提供合乎需求的知识。

（3）即时动态的敏捷知识服务。

由于内外部环境的快速变化，项目产品用户需要即时和动态性的知识服务，因此提供的知识服务方案也要随着用户知识需求的变化而变化。知识服务要为用户解决即时动态的知识服务需求，因此，在知识捕获、分析、加工、重组和应用等整个过程中能根据用户对知识的即时动态需求提供即时的、动态的和持续的知识服务。

（4）价值增值的创新知识服务。

知识服务不是简单地对信息进行收集、存储、整理、传递与共享，而是知识服务人员通过信息检索、知识发现、知识链接、知识挖掘和知识组织等方式，利用信息技术和数据库技术，按知识来源、特性和用途，并按一定知识体系组织到数据库中，建立起标准的知识服务平台，使用户能方便地访问知识服务平台。根据用户需求进行原始数据的挖掘，建立相关的数据知识单元，同时把各种显性和隐性的信息资源经过内化和提炼，把相关知识进行聚类、分类、链接和组织。这些活动都属于价值增值的过程。知识服务人员通过发挥娴熟的专业技能和创新思维，为用户提供创造性的服务，以显著提高用户知识应用和创新的效率，充分体现了知识服务的创新价值，因此，提供给用户的知识服务，绝不是从现成的数据中直接获得的，而是对知识信息的有效利用和再创新，是一个知识价值不断增值的服务过程。

2.2.3　航空复杂产品项目中知识服务网络的特点

在综合考虑知识网络和项目系统特点的基础上，可以将航空复杂产品项目知识服务网络的特点归结为以下几点：

（1）复杂系统特性。

航空复杂产品项目系统是个复杂系统，在此基础上构建的知识服务网络系统，也具有复杂系统的一些典型特性。

1）开放性。

航空复杂产品项目知识服务网络是一种开放的、易受外部环境影响的系统，知识服务网络系统及其子系统与环境之间有着物质、能源和信息的交换。

2）复杂性。

航空复杂产品项目知识服务网络系统存在诸多的子系统，如研发知识服务子系统、制造知识服务子系统、物流知识服务子系统、财务知识服务子系统、供应商知识服务子系统等，这些子系统之间存在多种形式、多种层次的知识交互作用。

3）进化涌现性。

航空复杂产品项目知识服务网络系统具有一些独特性，在网络形成初期，网络成员之间存在许多弱联系和许多结构空洞，在网络进化过程中，这些弱关系得到稳定和加强，结构空洞减少，同时，知识网络还可以通过自组织方式演化形成某种新的结构或模式（肖冬平和顾新，2009）。在特定条件下，知识服务系统能自组织、自加强、自协调，并随着扩大、发展产生质变，这在复杂系统中称为"涌现"。

4）层次性。

航空复杂产品项目知识服务网络系统具有明显的层次性，可以根据其服务的层次将其划分为个人层次、团队层次、组织层次和供应链层次。例如，丰田公司的供应商所构成的外部知识网络就包括三个层次，其中第一个层次包括约 150 个一级供应商，它们与几千个二级供应商联结，然后再与上万个三级供应商联结（Dyer and Nobeoka，2000），具有明显的层次性。

5）巨量性。

航空复杂产品项目知识服务网络系统中的基本单元数目巨大，上游有多级成千上万的供应商，下游有多级成千上万的分销零售商，还有诸多的知识服务供应商，构成了一个具有巨量节点的复杂网络系统。

6）动态性。

航空复杂产品项目知识服务网络系统的动态性来源于项目的动态性、知识的动态性和知识联系的动态性，其知识服务网络是不断演化和发展的，随着网络的形成和扩展，知识服务网络中的主体、知识以及知识联系方式等都在不断变化。

（2）复杂网络特性。

航空复杂产品项目知识服务网络具有复杂网络典型的小世界性和无标度性。小世界效应和无标度特性是复杂网络的两个典型的结构特性。然而，航空复杂产品项目知识服务网络也是一个典型的复杂网络。因此，航空复杂产品项目知识服务网络也具有这两种特性。

1）小世界效应。

航空复杂产品项目知识服务网络是一个小世界网络，又称为小世界效应，这是复杂网络的特性之一。1998 年，美国康奈尔大学的博士生 Watts 与其导师 Strogatz 合作，在 *Nature* 杂志上发表了题为《"小世界"网络的集体动力学》（*Collective Dynamics of Small-world Networks*）的论文，标志着小世界网络模型的建立

（Watts and Strogatz，1998）。小世界网络的判定准则有两个，分别是特征路径长度短和高集聚系数。网络的特征路径长度是指网络中两个节点的路径长度的平均值（路径长度指两节点间最短路径的长度），航空复杂产品项目知识服务网络的节点数量巨大，但节点之间的特征路径长度很短。集聚系数则是用来描述"集群"（社团）现象的，从数学上来说，一个节点的集聚系数等于与它相连的节点中相互连接的点对数与总点对数的比值。航空复杂产品项目知识服务网络中会存在少量的"集群"（如供应商因为知识需求的相似性，会与知识服务方形成一个集群，而销售商则会形成另外的集群），因此具有高的集聚系数。

2）无标度特性。

航空复杂产品项目知识服务网络是一个无标度网络。所谓无标度特性，是指网络的度分布满足幂律分布。Barabási 和 Albert（1999）的研究揭示出复杂网络的无标度特性。无标度网络的度分布满足幂律分布，也就是节点的度（d=k）的概率正比于 k 的某个幂次（一般是负的），即 $P(d=k) \propto k^{-\alpha}$。幂律分布这一特性，恰恰说明了无标度网络的度分布与一般随机网络的不同。随机网络的度分布属于正态分布，因此有一个特征度数，即大部分节点的度数都接近它，而无标度网络的度分布是呈集散分布，即大部分的节点只有比较少的连接，少数节点有大量的连接。航空复杂产品项目知识服务网络的度分布也呈集散分布，大部分的节点只有比较少的连接，而少数节点（核心企业或者核心知识服务商等）才会有大量的连接。

（3）以知识服务为目的的特性。

航空复杂产品项目知识服务网络构建的目的就是为项目内成员企业提供高质量的知识服务，因此，在知识服务网络构建和服务过程中，需要根据航空复杂产品项目知识服务的特点，满足成员企业多元化的、即时的和个性化的知识服务需求，在服务过程中不断对知识进行加工和创新，实现知识价值的增值。

2.3　航空复杂产品项目知识服务网络的模式

航空复杂产品项目需要由大量的分布式企业主体联结完成，知识需求的多样性和主体分布的广域性，使得如何构建高效、快捷、稳定的航空复杂产品项目知识服务网络成为一个重要的研究内容，为此，需要探析航空复杂产品项目知识服务网络的基本结构，并进一步研究如何建设高效的航空复杂产品项目知识服务网络。因此，本章主要对航空复杂产品项目知识服务网络的结构及构建模式展开研究。

2.3.1　航空复杂产品项目中知识服务网络的基本模式

航空复杂产品项目需要由大量的分布式企业主体联结完成，每个成员企业需要共享知识、合作研发、同步作业计划、使用协调一致的业务处理流程，共同应对复杂多变的市场，为最终用户提供高效、快捷、灵活的支持和服务，从而在竞争中获得优势。在整个航空复杂产品项目知识服务网络中，既有构成航空复杂产品项目的成员企业，又有专门提供某类专业知识的机构，如科研院所和行业研究机构等，还可能存在专门的知识服务平台。每个成员企业既有大量的信息需要进一步加工成能有效共享和增值的知识，同时又需要获得项目其他成员企业和知识服务机构所提供的各种知识，因此，每个成员企业既有信息输出又有知识输入。本书按照航空复杂产品项目中知识服务主体及其网络结构的不同分成以下三种服务网络模式：

（1）集中式知识服务网络模式。

集中式知识服务网络模式（Intensive Knowledge Service Network，IKSN）是由一个或多个知识服务平台来满足整个航空复杂产品项目的知识需求，其网络拓扑结构是星形拓扑结构，每个节点与知识服务平台通过点对点的方式连接，其结构如图 2-3 和图 2-4 所示。知识服务平台作为整个项目的知识服务核心，各种知识和服务需求在这里汇集，知识传输和处理的负担很大，系统结构复杂，知识服务平台主要是由航空复杂产品项目核心企业来构建，它是整个项目知识汇集、加工处理和知识创新的中心。单核知识服务平台一旦出现故障就会导致整个服务瘫痪，而多核网络结构则具有容错能力，一个服务平台出现故障，其他平台仍然可以继续维持整个服务网络的运行。

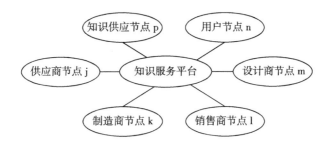

图2-3　单核集中式知识服务网络模式的星形拓扑结构

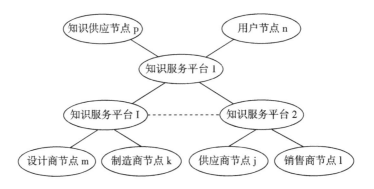

图2-4　多核集中式知识服务网络模式的星形拓扑结构

航空复杂产品项目中的各个企业主体既是知识服务的需求方，又是自有信息的供应方。当有知识需求时，知识需求节点将向知识服务平台提出需求申请，知识平台根据申请开始在整个知识网络中进行信息检索，并将搜集的信息在知识服务平台中进行知识发现、挖掘和组织等加工作业，最后将加工后的合乎需求的知识通过点对点的通信方式发送给知识需求方。作为专门的知识供应节点，主要是一些能为整个项目产品的用户提供某类专业知识的机构，如科研院所、情报所和行业研究机构等，它们响应知识服务平台的知识请求，向知识服务平台提供所需的知识，这些知识根据用户的不同需要由知识服务平台进行进一步的知识加工和处理，以此来满足用户的知识服务需求。

令 K_i 表示为第 i 个知识服务平台，$i \in [1, I]$，当 I=1 时为单核集中式，I>1 时为多核集中式；$S_j^{(1)}$ 表示第 j 个供应商节点，$j \in [1, J]$；M_k 表示第 k 个制造商节点，$k \in [1, K]$；表示第 l 个销售商节点，$l \in [1, L]$；$S_m^{(2)}$ 表示第 m 个

设计商节点，m∈［1，M］；表示第 n 个客户节点，n∈［1，N］；$K_p^{(1)}$ 表示第 p 个知识供应节点，p∈［1，P］。

[**定义 2-1**] 顶点的度是指网络图 G 中与顶点 v 关联的边的数目，用 d（V）来表示。则集中式知识服务网络图顶点的度如下：

知识服务平台的度：

$$\sum_{i=1}^{I} d(V_{K_i}) = J + K + L + M + N + P \tag{2-1}$$

各节点的度：

$$d(V_S^{(1)}) = d(V_M) = d(V_D) = d(V_S^{(2)}) = d(V_C) = d(V_K^{(1)}) = 1 \tag{2-2}$$

式（2-1）表明与知识服务平台连接的网络节点总数目为 J+K+L+M+N+P，知识服务平台是整个网络的核心，需要处理的信息量大，容易造成网络拥堵；式（2-2）表明各节点只与知识服务平台相连接。

（2）分布式知识服务网络模式。

分布式知识服务网络模式（Distributed Knowledge Service Network，DKSN）没有集中的知识服务平台，每个网络节点都可以作为知识服务单元，其拓扑结构是一种分布式的网络拓扑结构，网络节点间都是互通的，其结构如图 2-5 所示。每个网络节点既是知识需求方，需要通过网络通信平台向其他网络节点发送知识需求信息，又是知识供应方，需要按照接收到的知识需求信息进行企业自身信息和知识的检索，并按照需求进行知识加工作业，再将加工后的合乎需求的知识通过网络通信平台发送给知识需求方。

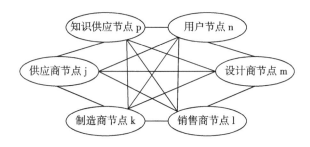

图 2-5 分布式知识服务网络模式结构

分布式知识服务网络图顶点的度如下：

各节点的最小度：

$$\delta(V_K^{(1)}) = \delta(V_S^{(1)}) = \delta(V_M) = \delta(V_D) = \delta(V_S^{(2)}) = \delta(V_C) = 5 \qquad (2\text{-}3)$$

各节点的最大度：

$$\Delta(V_K^{(1)}) = J+K+L+M+N \qquad \Delta(V_S^{(1)}) = P+K+L+M+N$$

$$\Delta(V_M) = P+J+L+M+N \qquad \Delta(V_D) = P+J+K+M+N$$

$$\Delta(V_S^{(2)}) = P+J+K+L+N \qquad \Delta(V_C) = P+J+K+L+M \qquad (2\text{-}4)$$

式（2-3）表明每个网络节点所连接的最少节点数为 5，即每个网络节点至少分别跟项目中其他 5 个不同成员的某个节点相互连接；式（2-4）表明与某网络节点连接的网络节点总数目为其他网络各节点之和，如连接某知识供应节点的最大节点数为 J+K+L+M+N，连接某供应商节点的最大节点数为 P+K+L+M+N。

（3）第三方知识服务网络模式。

第三方知识服务网络模式（Third-part Knowledge Service Network，TKSN）是由专业的知识服务机构来为整个项目提供知识服务，根据具体情况可以由一个或多个服务机构来分别提供不同的知识服务，如行业咨询机构可以提供企业所需的行业有关的分析报告，会计咨询机构可以为企业提供所需的相关企业财务的运营数据分析报告等。整个项目的企业节点都与这些专业的知识服务机构进行点对点连接，而各专业知识服务机构之间则没有连接，其结构如图 2-6 所示。知识服务机构响应某些节点的知识服务需求请求，在整个网络中寻求所需的信息资源，按照需求进行加工整理成知识并进行共享。

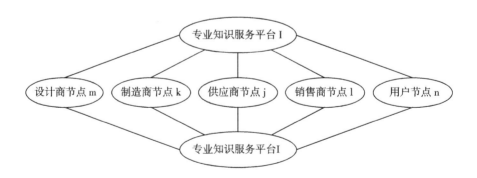

图 2-6　第三方知识服务网络模式结构

第三方知识服务网络图顶点的度如下：

专业知识服务平台的度：

$$d(V_{K_i}) = J+K+L+M+N \tag{2-5}$$

各节点的度：

$$d(V_S^{(1)}) = d(V_M) = d(V_D) = d(V_S^{(2)}) = d(V_C) = I \tag{2-6}$$

式（2-5）表明与某个专业知识服务平台连接的网络节点总数目为 J+K+L+M+N；式（2-6）表明项目成员的每个节点都与每个专业知识服务平台相连接，所以其最大的连接数为 I。

（4）三种服务网络模式的特征分析。

上述的三种服务网络模式各有其特征，表 2-1 给出了每种模式的优缺点，项目内各主体可以根据每种模式的特征来选择合适的服务网络模式，还可以根据自身状况构建混合的知识服务网络模式。

表 2-1　航空复杂产品项目知识服务网络模式的优缺点

内容	集中式知识服务网络模式	分布式知识服务网络模式	第三方知识服务网络模式
主要优点	（1）知识集中处理，可以提供更专业的知识服务； （2）多种信息资源汇集，更易去伪存真，提高知识质量； （3）专门的知识服务平台便于管理	（1）知识分布处理，可以分散知识加工的工作量，加工速度快； （2）每个网络节点自身进行知识处理，减少知识的传输量	（1）知识服务外包给专业的第三方，可以使供应链企业专注核心业务； （2）知识服务外包可以整合更多资源，获得更专业化的服务
主要缺点	（1）知识服务平台的加工作业量较大，需要能处理大量数据的处理器和存储设备； （2）大量数据在服务平台汇集，需要构建大信息量通信平台	（1）点对点的通信需要完善的信息网络； （2）需要在每个节点上构建相应的知识服务平台，需要大量的软硬件设备	（1）存在更大的知识泄露风险； （2）缺乏对知识服务平台的控制力

2.3.2　航空复杂产品项目中知识服务网络的混合模式

由上述三种服务网络模式的特征分析可知，每种模式都有其优缺点，本书综合上述三种网络模式的优点，提出了一种优化的混合型知识服务网络模式（Mixed Knowledge Service Network，MKSN），结构如图 2-7 所示。由于每一类项目成员所需要的知识具有很强的一致性，因此可将每一类成员集中于构建一个知识服务平台（这种知识服务平台可以由某个核心供应商或者第三方的专业知识服务机构来建立），比如，前端供应商对于市场销售知识和企业生产知识等都有相类似的需求，所以可以构建一个供应商知识服务平台，来为所有供应商提供所需的各种知识服务，每个供应商直接跟供应商知识服务平台互连，知识服务平台主要负责所需外部知识的获取和整理加工等作业，知识服务平台将整理加工后的知识放在共享平台上供各供应商节点获取，同时，该平台还负责收集和整理其他服务平台对供应商节点的相关知识需求，并将其传给需求方。

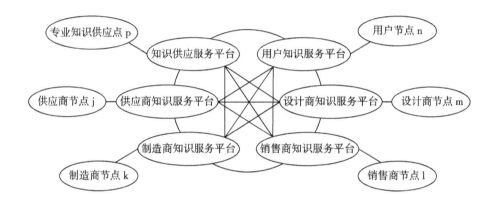

图 2-7　混合型知识服务网络模式

令 P_K 表示为知识供应服务平台，$P_S^{(1)}$ 表示为供应商知识服务平台，P_M 表示为制造商知识服务平台，P_D 表示为销售商知识服务平台，$P_S^{(2)}$ 表示为设计商知识服务平台，P_C 表示为用户知识服务平台。

混合型知识服务网络顶点的度如下：

各服务平台的度：

$$d(V_{P_S}^{(1)}) = J+5 \quad d(V_{P_M}) = K+5 \quad d(V_{P_D}) = L+5$$

$$d(V_{P_S}^{(2)}) = M+5 \quad d(V_{P_C}) = N+5 \quad d(V_{P_K}) = I+5 \qquad (2\text{-}7)$$

各节点的度：

$$d(V_S^{(1)}) = d(V_M) = d(V_D) = d(V_S^{(2)}) = d(V_C) = d(V_K^{(1)}) = 1 \qquad (2\text{-}8)$$

式（2-7）表明各知识服务平台既与同类属性的单独节点相连接，又与其他

5 个服务平台相连接；式（2-8）表明服务网络各单独节点只与同类属性的知识服务平台相连接。

2.3.3　知识服务网络模式的对比分析

为了能对网络模型进行对比分析，本书建立了描述知识服务网络模型相关特性的四个指标：网络关系复杂度、即时最大响应度、节点间距离和服务平台脆弱度。

[**定义 2-2**]　网络关系复杂度：反映整个网络节点之间相互关系复杂程度的指标。

本书用网络图的总边数来表示网络的关系复杂度，网络节点数相同的情况下边数越多表示模型的关系越复杂，当 J+K+L+M+N 的值比较大时，四种网络图模型的节点数可认为是近似相等的，本书将其网络节点数看作相同。

[**定义 2-3**]　即时最大响应度：表示在某个时点信息服务平台所需处理的最大响应量，反映了服务平台某时刻处理信息请求的载荷大小。

这里用网络平台的最大度来表示服务平台的即时最大响应度，它表示有关系的节点同时对该服务平台请求服务的数量。

[**定义 2-4**]　节点间距离：定义为两个节点（i，j）之间边数最少的一条道路的边数，反映知识服务网络中两节点知识交互所走过的路径数量，用符号 d_{ij} 来表示。

[**定义 2-5**]　服务平台脆弱度（何大韧等，2009）：表示从网络中去掉某个知识服务平台之后的网络效率，它反映了知识服务平台受攻击后网络的脆弱性，用符号 C 来表示。其中网络效率定义为整个网络中节点间距离倒数之和的平均值，表示网络平均交通的容易程度，用符号 E 来表示。

$$E = \frac{\sum_{i \neq j} \frac{1}{d_{ij}}}{2 \times 网络总边数} \tag{2-9}$$

$$C = \frac{E - E_s}{E} \tag{2-10}$$

其中，E 为整个网络效率，E_s 为去掉某个服务平台后的网络效率。C∈［0，1］，C=0 时表示服务平台的脆弱性最小，去掉这个服务平台对网络效率没有任何影响；C＝1时表示服务平台的脆弱性最大，去掉这个服务平台则整个网络处于完全瘫痪状态。

五种网络图模型的对比分析如表2-2所示。

表2-2　航空复杂产品项目知识服务网络模型的对比分析

服务模式	关系复杂度	服务平台（点）的即时最大响应度	节点间距离	服务平台脆弱度
单核集中式知识服务网络模式	P+J+K+L+M+N	P+J+K+L+M+N	2	1
多核集中式知识服务网络模式	P+J+K+L+M+N	（P+J+K+L+M+N）／I（假设平台均衡分担）	2	0
分布式知识服务网络模式	P（J+K+L+M+N）+J（K+L+M+N）+K（L+M+N）+L（M+N）+MN	Δ（$V_K^{(1)}$）＝J+K+L+M+N Δ（$V_S^{(1)}$）＝P+K+L+M+N Δ（V_M）＝P+J+L+M+N Δ（V_D）＝P+J+K+M+N Δ（$V_S^{(2)}$）＝P+J+K+L+N Δ（V_C）＝P+J+K+L+M	1	—
第三方知识服务网络模式	（J+K+L+M+N）×I	J+K+L+M+N	2	≈0（去掉某个知识服务平台几乎对整个网络无影响，只是会导致某种专业知识的服务瘫痪）
混合型知识服务网络模式	P+J+K+L+M+N+5+4+3+2+1	d（$V_{P_S}^{(1)}$）＝J+5 d（V_{P_M}）＝K+5 d（V_{P_D}）＝L+5 d（$V_{P_S}^{(2)}$）＝M+5 d（V_{P_C}）＝N+5 d（V_{P_K}）＝I+5	3	≈0（去掉某个知识服务平台会导致服务平台对应的节点完全瘫痪，但对其他节点无影响）

由此可看出，集中式的网络模型的关系复杂度最小，混合型的关系复杂度比其增加了15，但如果在混合型的网络中再构建一个综合知识管理与控制平台来连接各服务平台，则其关系复杂度只增加了5，但这样可能会降低系统对知识的响应时间，难以实现项目对即时知识的需求。与分布式和第三方网络模型相比，

混合型网络模型的关系复杂度降低了很多。混合型网络模型的即时最大响应度在这四种模型中最小，即时需要响应的信息请求数也最少，而且其平台处理的信息处理量会比较均衡，但节点间距离是最大的。通过上述分析，可以看出混合型网络模式在节点繁多的情况下是比较理想的一种模式。

2.4　本章小结

航空复杂产品项目知识服务具有自身的诸多特点，这些特点需要通过所构建的知识服务网络来予以展现。本书首先提出了集中式知识服务网络模式、分布式知识服务网络模式和第三方知识服务网络模式三种不同的航空复杂产品项目知识服务网络模式，集中式知识服务网络模式和分布式知识服务网络模式是最直接的服务网络构建方式，当专业的知识服务商发展起来后，才出现了第三方知识服务网络模式。这三种服务网络模式各有利弊，为此，本章在此基础上提出了一种优化的混合型知识服务网络模式，经过比较分析认为，混合知识服务网络模式具有较低的关系复杂度和最小的即时最大响应度，是在节点繁多情况下的一种比较理想的模式。

第3章　航空复杂产品项目知识服务网络的构建机制

3.1　航空复杂产品项目知识服务网络的形成机理

本书认为专业化知识服务需求、降低交易费用、提高知识服务水平等航空复杂产品项目组织内部需求和外部动态竞争环境、知识市场建立、信息网络技术发展等外部环境是航空复杂产品项目知识服务网络的形成和发展的主要原因,它们之间的关系如图3-1所示。外部环境推动了知识服务网络的构建,而内部需求则拉动了知识服务网络的构建,两者一起促成了知识服务网络的形成和发展。

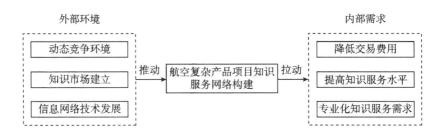

图3-1　航空复杂产品项目知识服务网络构建机理

3.1.1　动态竞争环境

随着现代科学技术尤其是信息技术的迅猛发展，以及全球经济一体化的深化和知识经济的兴起，企业生存和发展的环境变得越来越复杂，主要表现在：消费者的需求变化加快；产品的生命周期越来越短；全球化的合作与竞争环境；企业间的竞争方式和手段多样化，竞争程度加剧；等等。从大环境来说，航空复杂产品项目立项不仅是一个国家工业、科技水平和综合实力的集中体现，更是在军事上进一步增强我国的综合实力和国际竞争力，加速我国建设现代化强国的进程。在这种动态复杂环境下，任何企业和组织都难以孤军奋战，同时，这种动态竞争环境使航空复杂产品项目对内部互补性知识和外部动态性知识的需求日益迫切，因此，这种动态竞争环境促使航空复杂产品项目知识服务网络的形成。

3.1.2　知识市场建立

知识具备商品的两个基本特征，在航空复杂产品项目中可以用市场机制激励知识加工和实现知识服务。在航空复杂产品项目知识服务网络中，不同节点企业对于异质性互补知识资源的需求和同类企业对于知识资源需求的相似性是知识市场形成的基础。一方面，处于同一价值链中不同的节点企业拥有各不相同而又相互补充的知识资源，具有能够进行交易的"商品"；另一方面，由于专业知识供应商的进入，可以提供更加专业化、个性化的知识服务，这种服务是以市场交易为基础的。在项目中，只有知识的买方和卖方都能在知识市场上通过相应的知识交易规则来获得各自的利益，才能促使知识服务网络的形成。

3.1.3　信息网络技术发展

项目知识服务的核心是项目内外部知识的发现、编码、转化、创新和应用，这些都离不开信息系统的支持，而现代信息网络技术则正好提供了相应的功能。通过文件系统、数据库技术实现知识的存储；通过数据挖掘、信息检索技术实现知识的发现；通过网络技术实现知识的共享；通过专家系统、决策支持系统等实现知识的创新。可以说，信息网络技术是构建航空复杂产品项目知识服务网络的桥梁，在知识服务网络中起着非常重要的作用，没有现代信息网络技术的发展，知识服务也就无法实现，也就没有知识服务网络，因此，它是航空复杂产品项目知识服务网络构建的基本条件。

3.1.4　降低交易费用

航空复杂产品项目知识服务网络是一种便于项目组织内部及与知识供应方之间进行知识交易，又能有效节约知识交易费用的制度安排。万君和顾新（2008）认为对知识交易费用的节约是知识网络形成的动力。知识服务网络中节点间的关系是一种长期合作关系，这种稳定的合作关系有助于知识市场交易费用的降低；同时，由于知识需求存在一定的共性，可以产生规模经济来降低交易费用；知识服务网络中建立的是一种动态的相互协作关系，某一时刻可能是知识需求方，在另外一个时刻又是知识供应方，因此，通过这种相互稳定互惠互利的协作关系，可以降低整个知识服务网络的交易费用。

3.1.5　提高知识服务水平

航空复杂产品项目知识服务网络是通过引入专业化知识服务机构来提供高质量的知识服务，项目内各组织对知识的需求是多样化的，既需要有利于技术创新、产品创新方面的知识，又需要有利于市场创新、组织创新和制度创新方面的知识，还要有关于外部政策环境分析、行业竞争态势分析、财税政策和财务等方面所需要的各种知识。这些知识具有很强的专业性，很多是需要专业性的知识服务机构来进行加工处理的，将这些知识服务业务外包既能使项目各组织摆脱非专业化知识加工和处理带来各种的困境，又能通过专业性机构获得高效率的专业化知识服务。

3.1.6　专业化知识服务需求

航空复杂产品项目知识服务网络是一个由项目内各主体和专业知识提供方构成的知识共享和知识服务网络。知识服务网络的形成和发展首先取决于这些构成主体的参与动机，李丹等（2002）认为构建知识网络的主要目的是有效克服知识缺口，增强组织知识管理的运作成效；文庭孝等（2005）认为知识的不对称性等特征决定了组织间知识共享的必要性。本书认为，专业化分工和信息的复杂性等造成项目各组织知识种类单一、知识资源缺乏和组织间知识的不对称，从而产生了知识缺口，知识缺口又导致了知识需求，而这种需求又是多方面的，单靠组织间的知识共享是难以满足的，所以必须借助专业性的知识服务机构提供专业化的知识服务，而且这种知识服务关系具有较好的稳定性。因此，专业化知识需求是知识服务网络构建的首要因素。

3.2　航空复杂产品项目知识服务网络构建的动力机制

航空复杂产品项目知识服务不是简单地将各种显性知识和隐性知识集合，而是强调显性知识和隐性知识在知识需求者和提供者之间相互转化，以及隐性知识的外显化，即为需求者提供有效的知识服务，以及提供解决问题所需的服务。

在此，可以将影响事物变化运动的因素理解为"动力"，而本身就是抽象的"机制"则潜藏于各种现象表面之下的内在逻辑和运行机理中，但"机制"所显现出来的具体表现却是实在的。因此，将"动力"和"机制"组合在一起的"动力机制"可以理解为事物运动、发展、变化的不同层面的推动力量和潜藏于这个层面的内在逻辑和运行机理。在构建航空复杂产品项目知识服务网络的过程中，核心为提高知识服务能力，满足需求者的知识服务需求，经过航空复杂产品项目知识服务网络构建动力因素的重组，实现知识服务能力的不断提高和推进知识服务水平的大型复杂系统就是航空复杂产品项目知识服务网络构建的动力机制的体现。

下面通过航空复杂产品项目知识服务网络构建的动力因素分析，运用系统动力学流率基本入树建模法，建立航空复杂产品项目知识服务网络构建的系统反馈结构，确定促进航空复杂产品项目知识服务网络构建的主导反馈基模，分析影响航空复杂产品项目知识服务网络构建的根源与解决问题的管理方针，为进一步对该网络构建系统进行系统仿真研究提供基础。

3.2.1 建立流率流位系和二部分图

（1）建立流率流位系。

航空复杂产品项目知识服务网络平台的运行系统中存在许多相互作用、相互制约的正、负反馈环。正反馈环可以使系统实现自我增强和无限增长；负反馈环可以使系统实现自我调节和抑制增长。由反馈环和反馈环以外的外生变量可以共同作用构成系统基模，系统基模反映了系统的动态变化。通过航空复杂产品项目知识服务网络构建系统反馈基模的分析，可以有效地揭示构建该系统行为动态变化的原因，并给出正确的管理方针，而航空复杂产品项目知识服务网络系统是一个典型的动态复杂系统，可以以系统基模为工具对其进行分析。

根据系统动力学理论及反馈控制原理，按问题的主要矛盾将系统分为知识需求者的需求、知识服务者的知识服务能力、知识资源、知识服务政策与评估、市场竞争、经费、信息技术与标准 7 个子系统，并设计 7 个流位流率对：

1）$L1(t)$，$R1(t)$：知识需求者的需求（%）及其改变量（%/年）；

2）$L2(t)$，$R2(t)$：知识服务者的知识服务能力（%）及其改变量（%/年）；

3）$L3(t)$，$R3(t)$：知识资源（%）及其改变量（%/年）；

4）$L4(t)$，$R4(t)$：知识服务政策与评估（%）及其改变量（%/年）；

5）$L5(t)$，$R5(t)$：市场竞争（%）及其改变量（%/年）；

6）$L6(t)$，$R6(t)$：经费（元）及其改变量（元/年）；

7）$L7(t)$，$R7(t)$：信息技术与标准（%）及其改变量（%/年）。

从而得到整个流位流率系为：$\{[L1(t)，R1(t)]，[L2(t)，R2(t)]，[L3(t)，R3(t)]，[L4(t)，R4(t)]，[L5(t)，R5(t)]，[L6(t)，R6(t)]，[L7(t)，R7(t)]\}$。针对已经建立的流位流率系，根据流位变量对流率变量的控制关系，可以建立航空复杂产品项目知识服务网络构建动力的系统流图，进而计算系统的反馈基模。

（2）建立二部分图。

在此，根据系统动力学流率基本入树建模法建立航空复杂产品项目知识服务网络构建动力的流率基本入树。根据流位变量控制流率变量的系统动力学建模思想，对所有流位变量和流率变量的内在关系进行定性分析，得到流位控制流率的定性分析二部分图。

1）市场竞争 L5（t）的激烈度会影响整个市场环境，而市场环境又会影响知识需求者的需求 L1（t）；经费 L6（t）的多少会左右知识需求者的需求意识，而需求意识恰恰影响了知识需求者的需求 L1（t）；知识需求者的需求 L1（t）由知识需求者对知识服务的满意度所决定，而该满意度又受信息技术与标准 L7（t）、知识服务政策与评估 L4（t）和知识服务者的知识服务能力 L2（t）的共同影响。所以，流位 L2（t）、L4（t）、L5（t）、L6（t）、L7（t）共同控制知识需求者的需求的改变量 R1（t）流率的变化。

2）知识服务者的知识服务能力 L2（t）受知识服务技术的影响，而知识服务技术受信息技术与标准 L7（t）的影响，同时还受知识服务者的数量的影响，知识服务者的数量由知识服务网络的规模决定，知识服务网络的规模又受知识需求者的需求 L1（t）影响；专业培训可以提升知识服务者的知识服务能力，而专业培训又需要大量的经费 L6（t）；社会经验也是影响知识服务者的知识服务能力的关键因素之一，社会经验又受市场环境影响，而市场竞争 L5（t）决定着市场环境的变化。所以，流位 L1（t）、L5（t）、L6（t）、L7（t）共同控制知识服务者的知识服务能力的改变量 R2（t）流率的变化。

3）当知识需求者的需求 L1（t）变大时，知识服务网络的规模会随之增大，知识服务者人数也随之增多，知识资源 L3（t）就变得丰富起来，与此同时，经费 L6（t）也会增多。知识资源 L3（t）的量由知识服务决定的量决定，而知识服务的量又受知识服务者的服务意识影响，知识服务者的服务意识又与知识服务政策与评估 L4（t）有关。同时，信息技术与标准 L7（t）和知识服务者的知识服务能力 L2（t）又影响知识服务技术，知识服务技术的高低会影响知识资源 L3（t）的数量。所以，流位 L1（t）、L2（t）、L4（t）、L6（t）、L7（t）共同控制知识资源的改变量 R3（t）流率的变化。

4）知识资源的规范程度决定了是否要制定知识服务政策，知识资源的利用率促使着知识服务的评估，而该规范程度受知识服务政策与评估 L4（t）的影响，利用率受知识资源 L3（t）的影响；知识需求者的需求 L1（t）决定了知识服务需求量，而知识服务需求量又影响着知识服务政策与评估 L4（t）。所以，流位 L1（t）、L3（t）、L4（t）共同控制知识服务政策与评估的改变量 R4（t）

流率的变化。

5）市场竞争 L5（t）的激烈程度在某种层面上受信息技术的技术化程度的影响，而信息技术又受信息技术与标准 L7（t）的制约。市场竞争还因市场环境的变化而变化，归根结底，市场环境由其中的知识资源决定，知识资源 L4（t）越丰富，市场变化越快，竞争 L5（t）越激烈。所以，流位 L3（t）、L7（t）共同控制市场竞争的改变量 R5（t）流率的变化。

6）知识需求者的需求 L1（t）越大，知识服务网络的规模越大，所需要的经费 L6（t）也就越多。知识服务者培训需要大量的经费，知识服务者的知识服务能力 L2（t）又受培训的影响，培训多一点，能力水平就高一点，反之则水平低一点；知识服务网络的自动化程度越高，所需的经费也就越多，其自动化程度受信息技术与标准 L7（t）和知识服务政策与评估 L4（t）的共同影响。所以，流位 L1（t）、L2（t）、L4（t）、L7（t）共同控制经费的改变量 R6（t）流率的变化。

7）信息技术与标准 L7（t）的制定，很大程度上由决策者的决策水平决定，决策者的决策水平又受市场竞争 L5（t）的影响；信息化程度越高，信息技术与标准 L7（t）也就越高，而信息化程度的高低由知识服务的获取速度决定，知识服务的获取速度越快说明信息化的程度越高，反之则越低，获取速度又由知识资源量 L3（t）决定。所以，流位 L3（t）、L5（t）共同控制信息技术与标准的改变量 R3（t）流率的变化。

综上分析，考虑流位具体通过哪些中间变量或者直接控制流率的关系，可以得出反映各流位控制各流率之间关系的二部分图（见图3-2）。

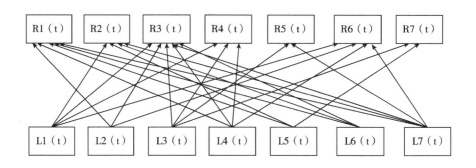

图3-2　航空复杂产品项目知识服务网络构建动力定性二部分图

3.2.2 建立流率基本入树模型

根据系统动力学流率基本入树建模法，通过对流位变控制流率变量路径的分析，得到各子系统的流率基本入树模型（见图3-3）。

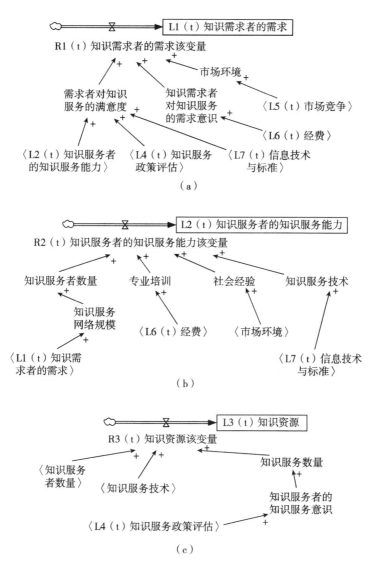

图 3-3　基本入树模型

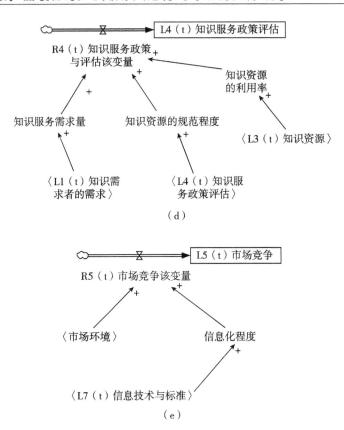

（d）

（e）

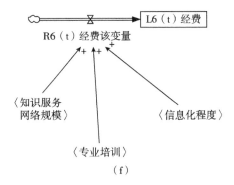

（f）

图 3-3　基本入树模型（续）

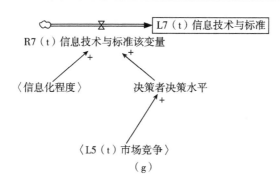

图 3-3　基本入树模型（续）

3.2.3　基模分析与对策生成

（1）基模分析。

由图 3-3 基本入树模型可知，知识需求者的需求受需求者对知识服务的满意度、知识需求者对知识服务的需求意识、市场环境等要素影响，间接受到知识服务者的知识服务能力、知识服务政策与评估、信息技术与标准、经费和市场竞争等要素影响。而这些要素恰恰在构建知识服务网络时，对知识服务网络的构建起到正激励的作用，能够有效促进知识服务网络的构建。同时，知识需求者的需求就是构建知识服务网络的一个动力因素，如果没有知识服务的需求，就没有构建知识服务网络的必要。

知识服务者的知识服务能力就是提供知识服务所体现出来的一种素质，可以体现出知识服务者所提供的知识服务的有效程度，也可以理解为知识服务的利用率。知识服务者在完成知识服务活动中表现出来的能力有所不同。知识服务能力总是和知识服务完成一定的实践相联系的。离开了具体的知识服务实践，既不能表现知识服务者的知识服务能力，也不能发展知识服务者的知识服务能力。如果所提供的知识服务有效性高，说明知识服务者的知识服务能力就强，它对知识服务网络的构建起到了一个促进作用，因此知识服务者的知识服务能力也是构建知识服务网络的一个动力因素。知识服务者的知识服务能力受到知识需求者的需求、经费、市场环境、信息技术与标准等要素影响。这些要素对知识服务者的知识服务能力有着正激励的作用。

知识资源主要是指可以反复利用的、建立在知识基础之上的、可以给社会带来财富增长的一类资源的总称。它是个人和组织"记忆"的综合，不但存在于文件、资料、计算机程序和档案等之中，还存在于人们的头脑、实践以及规范之中。在构建知识服务网络时，知识资源受到知识服务者数量、知识服务技术等要素的直接影响，间接受到知识需求者的需求、知识服务政策与评估等要素的影响。这些要素对知识资源都起到正激励的作用，促进知识资源的增加。有效的知识资源越多，对知识服务网络的构建就越有利，即促进了知识服务网络的构建。因此，知识资源是构建知识服务网络的另一个动力因素。

知识服务政策评估可以有效地整合知识服务资源的利用。在整个网络中，知识服务政策与评估分别受到知识需求者的需求、知识服务政策与评估的该变量、知识资源等要素的影响，且这些要素对知识服务政策与评估都起到了正激励的作用，能够促进知识服务政策与评估的形成。同时，一个完善的知识服务政策与评估体系在构建知识服务网络的过程中，可以保证知识服务网络的有效构建。因此，知识服务政策与评估是构建知识服务网络的动力因素之一。

市场竞争是市场经济的基本特征。在市场经济条件下，企业从各自的利益出发，为取得较好的产销条件、获得更多的市场资源而竞争。通过竞争，实现企业的优胜劣汰，进而实现生产要素的优化配置。在知识服务网络中，市场竞争可以理解为知识服务的竞争，知识服务者提供的知识服务有好有坏，只有有效的知识服务才能为知识需求者提供帮助，解决困惑。适当的市场竞争，可以激发知识服务者的知识服务意识，保障知识服务网络中知识服务的质量，由此可以看出，市场竞争是构建知识服务网络的一个动力因素。同时，市场竞争受到市场环境、信息化程度、信息技术与标准等要素影响，且这些要素都对市场竞争起到了正激励的作用。

经费是构建知识服务网络的一个重要的基础，它可以提供大量的信息化技术和比较先进的通信设备。在知识服务网络平台搭建的过程中，经费的多少直接影响到所搭建的平台的有效性。因此，经费对于构建知识服务网络来说是必然的要求，且为其一个动力要素。知识服务网络规模、专业培训、信息化程度等是直接影响经费的要素，间接要素则是知识需求者的需求、知识服务者的知识服务能力、知识服务政策与评估、信息技术与标准等。这些直接、间接的影响要素都能够促进经费的产生，对经费产生正激励作用。

信息技术与标准的程度直接可以影响知识服务在分享过程中的有效利用率。制定合理规范的信息技术与标准，可以保障进入知识服务网络的知识资源的有效性和完整性，及时掌握市场环境变化，在激烈的市场竞争中占据有利位置。由此可见，信息技术与标准是促进知识服务网络构建的动力要素，整个网络中知识资源的有效分享是必不可少的。信息化程度、决策者决策水平、市场竞争、知识资源这些要素是信息技术与标准的影响要素，且它们都对信息技术与标准起到正激励作用。

以下是对部分基模的简要分析：

1）如图 3-4 所示，反馈基模 G12 中，知识需求者的需求和知识服务者的知识服务能力两个子系统组成一个正反馈环路。知识需求者的需求的增大会促进知识服务网络规模的扩大，知识服务网络规模越大，所需的知识服务量就越多，需要提供知识服务的知识服务者的数量也就越多。知识服务者数量多了，也就意味着整体的知识服务者的知识服务能力变强了。知识服务者的知识服务能力增强了，可以提高知识服务内容的有效性，因此，知识需求者对知识服务的满意度也就提高了，然后又促进了知识需求者的需求。当然，这些要素也是有相互的抑制作用的。如果知识需求者的需求不多，那么可能知识服务网络的规模就会很小，且提供知识服务者就会减少，可能会影响到知识服务者的知识服务能力。知识服务者的知识服务能力变弱了，那么知识需求者对知识服务的满意度可能就会有相应的减弱，导致知识需求者的需求减少。

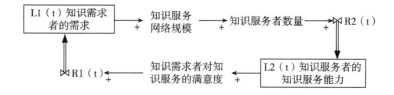

图 3-4　知识需求者的需求和知识服务者的知识服务能力反馈基模 G12

2）如图 3-5 所示，反馈基模 G14 中，知识需求者的需求和知识服务政策与评估组成一个不断增强的环路。知识服务的需求越大，所要做的知识服务政策与评估的范围就越广，质量就越高。知识服务政策与评估体系的完善度，会增强知识需求者对知识服务的满意度，进而促进知识需求者的需求。同时，如果知识需求者的需求减少，那么知识的需求量也随之减少，可能会导致知识服务政策与评估的实用性和完整性的降低。知识服务政策与评估的完整性降低了，那么知识需求者对知识需求的满意度就会减弱，进而影响知识需求者的知识需求。

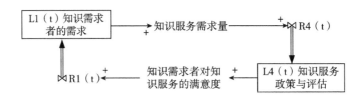

图 3-5 知识需求者的需求和知识服务政策与评估反馈基模 G14

3）如图 3-6 所示，反馈基模 G16 中，知识需求者的需求和经费形成一个正反馈环路。知识服务需求量越大，所需的提供知识服务的知识服务者数量就越多，就要扩大知识服务网络规模以容纳更多的知识服务资源，所需的各种经费就随之增加。经费的增加会增加知识型员工的培训，增强他们的服务意识，间接也会影响到知识需求者对知识服务的需求意识和需求，且对其有促进的作用。假如知识需求者的知识需求减少，随之的需求量就减少，为了保证整个网络的期望，所需的知识服务者数量就会减少，也就意味着网络的规模变小了。网络规模变小之后，所使用的经费也随之减少，经费减少了，专业知识培训就会减少，信息技术方面的设备也减少了，那么就会影响知识需求者对知识服务的需求意识，最终知识需求者的需求也减少了。

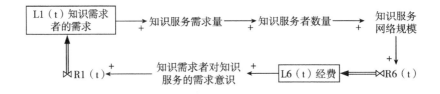

图 3-6 知识需求者的需求和经费反馈基模 G16

4）如图 3-7 所示，反馈基模 G26 中，知识服务者的知识服务能力和经费组成一个不断增强的环路。知识服务者的知识服务能力通过专业培训后会增强，然后专业培训需要大量的经费，经费投入越多，专业培训越有效，知识服务者的知识服务能力就越强。较多的知识培训会增强知识服务者的知识服务能力，同时提高其素质和服务意识，一旦投入在培训上的经费减少了，可能在某种程度上就降低了知识服务者的知识服务能力。

图 3-7　知识服务者的知识服务能力和经费反馈基模 G26

5）如图 3-8 所示，反馈基模 G37 中，知识资源和信息技术与标准形成一个正反馈环路。知识资源越丰富，知识服务的获取速度越慢；知识服务的获取速度越快，说明信息化程度越高，信息技术与标准也就越高。技术与标准高了，知识服务技术就高了，知识资源就丰富了。假如信息技术与标准化的程度比较低，那么就会影响知识服务技术，阻碍知识服务的获取速度，同时信息化程度也就降低。

图 3-8　知识资源和信息技术与标准反馈基模 G37

6）如图 3-9 所示，反馈基模 G34 中，知识资源和知识服务政策与评估形成一个不断增强的反馈环路。知识资源的利用率越高，知识服务政策与评估体系制定的期望就越高。知识服务政策与评估制定的期望越高，那么知识服务者的知识服务意识也就越高，知识服务就越好，知识资源就越好。

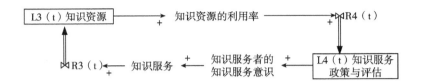

图 3-9　知识资源和知识服务政策与评估反馈基模 G34

7）如图 3-10 所示，反馈基模 G57 中，市场竞争和信息技术与标准组成一个正反馈环路。市场竞争越激烈，决策者的经验越丰富，那么他的决定水平就越高，所需要的信息技术与标准就越高。信息技术与标准的制定要求越高，信息化程度就越高，市场竞争也就激烈。随着信息化程度的不断提高，市场竞争越来越激烈，但是如果信息化程度降低，由于不能及时获取市场变化的信息，市场竞争就会减弱，决策者的决策水平也得不到提升。

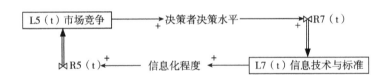

图 3-10　市场竞争和信息技术与标准反馈基模 G57

（2）基于基模分析生成构建对策。

1）根据对基模 G12 和 G14 的分析，可以得到构建对策：知识服务政策与评估、知识需求者的需求和知识服务者的知识服务能力对整个知识服务网络构建的影响很大。大量的知识服务需求可以推动知识服务网络的构建，知识服务者的知识服务能力又影响着整个知识服务网络的有效性，知识服务政策与评估是知识服务网络有效构建的基础保障。因此，应该加强对知识需求者的正确引导，加强知识服务者的知识服务能力，建立起完善的知识服务政策与评估体系，保证知识服务网络的有效构建。

2）根据对基模 G16 和 G26 的分析，可以得到构建对策：经费的投入对构建整个知识服务网络的影响很大，在一定程度上，经费的投入还影响了知识需求者对知识服务的需求意识和知识服务者的知识服务能力。因此，正确合理的经费投入与管理是非常重要的。

3）根据对基模 G37、G34 和 G57 的分析，可以得到构建对策：制定合理规范的信息技术与标准，保障进入知识服务网络的知识资源的有效性和完整性，及时掌握市场环境变化，在激烈的市场竞争中占据有利位置。

3.3　航空复杂产品项目知识服务网络的演化机理

3.3.1　航空复杂产品项目中知识服务网络的演化过程

刘刚（2007）认为知识网络是由具有知识的组织，通过知识反应循环、催化循环和超循环所构成的超循环结构，也是以超循环的方式向前发展的。在知识网络的协同演化中，网络结构的优化是依靠组织的复制、变异和自然选择实现的，是一个自组织过程，通过这个过程，网络结构的复杂性和对外部环境的适应能力不断增强，同时也达到了一个更高的发展水平和层次。郝云宏和李文博（2009）认为知识网络系统的演化类似于耗散结构的非平衡演化，应使网络系统处于开放的环境中，不断引入负熵，才能使其由低级向高级演化。肖冬平和顾新（2009）从自组织理论的视角分析知识网络的耗散结构机理，探讨知识网络结构自组织演化的规律：从网络系统组建之前的无序状态向网络组建之后的静态有序结构，再向网络运行阶段的动态有序结构演化。

同样地，在航空复杂产品项目中形成知识服务网络也不是一蹴而就的，而是一个逐步演化的过程。本书认为其演化过程如图 3-11 所示，也是一个自组织自适应的演化过程。在项目形成之后，由于项目各个组织间存在互补性知识需求，以满足各自知识需求的知识共享模式就出现了。如图 3-12 所示，当两个主体间存在知识共享行为时，用线将其连接起来，孤立点表示没有相关知识需求或者难以跟其他组织建立知识共享。由于建立了知识共享的节点组织，获得了知识共享所带来的利益，因此希望更多知识共享关系被建立，组织间的知识共享关系逐步形成链状结构，这就构成了一条知识链，如图 3-13 所示。随着组织相互间知识共享关系的扩大，多条知识链混合在一起，这就形成了错综复杂的知识网络，如图 3-14 所示。在航空复杂产品项目知识网络中，处于知识供应主导方（即在整个知识网络中为主要承担知识提供方）的网络节点随着网络的扩大难以提供及时、动态和专业化、个性化的知识需求，这时就迫切需要专业化的知识服务商，它们能为整个项目知识网络提供各种专业化的知识服务，这样，专业化的知识服务商被引入知识网络中，构成了知识服务网络，如图 3-15 所示。

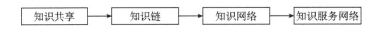

图 3-11 知识服务网络演化过程

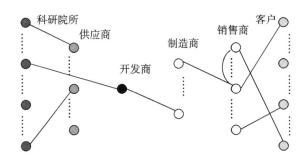

图 3-12 项目部分主体知识共享

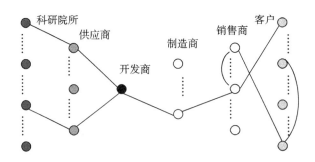

图 3-13 航空复杂产品项目知识链

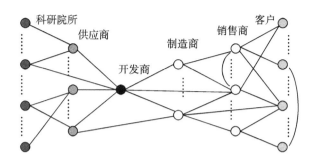

图 3-14　航空复杂产品项目知识网络

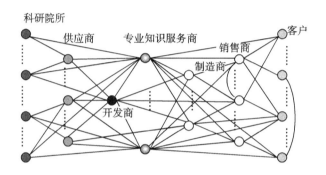

图 3-15　航空复杂产品项目知识服务网络

3.3.2　航空复杂产品项目中知识服务网络的演化博弈

上文分析了航空复杂产品项目知识服务网络的演化过程，那么航空复杂产品项目知识服务网络演化的机理是什么呢？项目各企业加入或者不加入知识服务网络的行为是重复且动态的，其决策行为也是基于有限理性，因此，项目各企业所选择的策略是不断调整的，并且是根据知识服务方的策略变化而不断变化的。在某种程度上，加入知识服务网络的过程其实是一种试错过程，通过长期的试错、模仿和改进，所有的博弈方都会趋于某种稳定的策略（形成网络或者不形成网络），而演化博弈论强调的是在有限理性条件下，博弈方之间的策略均衡往往是不断学习调整的结果。因此，本书应用演化博弈论来研究航空复杂产品项目知识服务网络的形成和演化机理。

（1）演化博弈模型。

演化博弈论是把博弈理论分析和动态演化过程分析结合起来的一种新理论，它起源于行为生态学和生物进化论。演化博弈论研究的对象是一个"种群"（Population），它注重分析种群结构的变迁，而不是单个行为个体的效应分析。其基本思路是：在具有一定规模的博弈种群中，博弈方不可能在每一次博弈中都能找到最优的均衡点，经过反复的博弈活动和长期的模仿改进，所有的博弈方会趋于某个稳定的策略，这个稳定的策略被称为"演化稳定策略"（Evolutionary Stable Strategy，ESS）（Weibull，1998；Borgers and Sarin，1997）。

彭本红和周叶（2008）认为若策略 s^* 是一个 ESS，当且仅当：①s^* 构成一个 Nash 均衡，即对任意的 s，有 $u(s^*,s^*) \geqslant u(s^*,s)$；②如果 $s^* \neq s$ 满足 $u(s^*,s^*)=s(s^*,s)$，则必有 $u(s^*,s)>u(s,s)$。

航空复杂产品项目知识服务网络的形成和演化过程，可以用复制动态（Replicator Dynamics）演化博弈来进行研究。复制动态是描述某一特定策略在一个种群中被采用的比例或频率的动态微分方程。根据演化的原理，一种策略的适应度或支付比种群的平均适应度高，这种策略就会在种群中发展，即适者生存体现为这种策略的增长率大于零，可以用式（3-1）的微分方程给出：

$$\frac{dx_k}{dt}=x_k[u(k,s)-u(s,s)],\quad k=1,2,\cdots,n \qquad (3-1)$$

其中，x_k 表示一个种群中博弈方采用策略 k 的比例，$u(k,s)$ 表示采用策略 k 时的期望适应度（收益），$u(s,s)$ 表示平均适应度（收益），k 表示不同的策略。

（2）航空复杂产品项目知识服务网络形成的演化博弈模型。

在航空复杂产品项目知识服务网络中，存在知识服务方和知识需求方，知识服务方和知识需求方都需要根据自己的收益情况来决定是否加入知识服务网络或提供高质量的知识服务。假设项目中有一群知识服务供应商和知识需求方，它们的策略集合分别是提供满意的知识服务和不提供满意的知识服务、加入知识网络和不加入知识网络，并且不存在一个组织来设计和安排这样的知识服务网络，网络按照"物竞天择，适者生存"的原则自发演化形成。这种演化属于两个种群的演化博弈，建立双方博弈的支付矩阵，如表 3-1 所示。其中，π_a 和 π_b 分别表示航空复杂产品项目知识需求方和知识供应方的正常收益，V_a 表示航空复杂产品项目知识需求方加入网络获得满意知识服务所得到的额外收益，V_b 表示知识供应方因新成员的加入所带来的额外收益，C_a 表示航空复杂产品项目知识需求方加入网络所支付的成本，C_b 表示知识供应方因提供高质量知识服务所支付的成本，W_a 表示知识需求方因为不加入网络丧失知识优势（因为其他成员加入并且获得高质量的知识服务）而导致的损失，W_b 表示提供满意知识服务的知识供应方因为需求方的不加入网络导致的收益损失。

表 3-1　博弈双方的支付矩阵

		知识服务供应方	
		提供满意服务（y）	不提供满意服务（1−y）
知识需求方	加入网络（x）	$\pi_a+V_a-C_a$，$\pi_b+V_b-C_b$	π_a-C_a，π_b
	不加入网络（1−x）	π_a-W_a，$\pi_b-C_b-W_b$	π_a，π_b

假设航空复杂产品项目的知识需求方加入网络的比例为 x，那么不加入网络的比例为 1−x；而知识供应方选择提供满意服务的比例为 y，则其选择不提供满意服务的比例为 1−y。由演化博弈理论可知供应链的知识需求方选择加入网络的适应度为：

$$u_a^1 = y(\pi_a+V_a-C_a)+(1-y)(\pi_a-C_a)=\pi_a+yV_a-C_a \tag{3-2}$$

知识需求方不选择加入网络的适应度为：

$$u_a^2 = y(\pi_a-W_a)+(1-y)\pi_a=\pi_a-yW_a \tag{3-3}$$

知识需求方的平均适应度为：

$$\overline{u_a} = xu_a^1+(1-x)u_a^2=\pi_a+xyV_a-xC_a+xyW_a-yW_a \tag{3-4}$$

因此，项目的知识需求方选择加入网络的重复动态由式（3-1）、式（3-2）、式（3-4）可得复制动态方程为：

$$f(x) = dx/dt=x(u_a^1-\overline{u_a})=x(1-x)(yV_a+yW_a-C_a) \tag{3-5}$$

同理，项目的知识服务方选择提供满意服务的复制动态方程为：

$$f(y) = dy/dt=y(y-1)(xV_b+xW_b-C_b-W_b) \tag{3-6}$$

分析知识需求方选择加入网络的复制动态方程，由 $dx/dt=0$，可得：$x^*=0$

或 $x^*=1$，$y^*=C_a/(V_a+W_a)$。

因此，当 $y=y^*=C_a/(V_a+W_a)$，dx/dt 始终为 0，这意味着所有 x 值都是稳定状态。当 $y\neq C_a/(V_a+W_a)$，$x^*=0$ 和 $x^*=1$ 是两个稳定状态，其中当 $y>C_a/(V_a+W_a)$ 时，要使 $f'(x)<0$，则 $x>1/2$，所以 $x^*=1$ 是进化稳定策略（ESS）；当 $y<C_a/(V_a+W_a)$ 时，$x^*=0$ 是 ESS。图 3-16 分别给出了上述三种情况下 x 的动态趋势和稳定性。

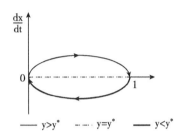

图 3-16　知识服务网络构建中知识需求方的复制动态相位图

同理，当 $x=x^*=(C_b+W_b)/(V_b+W_b)$ 时，dy/dt 始终为 0，这意味着所有 y 值都是稳定状态；当 $x\neq(C_b+W_b)/(V_b+W_b)$ 时，$y^*=0$ 和 $y^*=1$ 是两个稳定状态，其中当 $x>(C_b+W_b)/(V_b+W_b)$ 时，$y^*=1$ 是进化稳定策略（ESS），当 $x<(C_b+W_b)/(V_b+W_b)$ 时，$y^*=0$ 是 ESS。图 3-17 给出了上述三种情况下 y 动态变化的相位图和稳定状态。

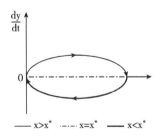

图 3-17　知识服务网络构建中知识服务供应方的复制动态相位图

把上述两个种群的复制动态关系用一个坐标平面图表示，可得图 3-18 和图 3-19。

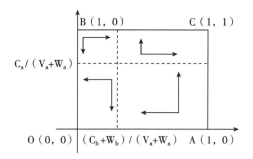

图 3-18 知识服务网络构建博弈的复制动态和稳定性

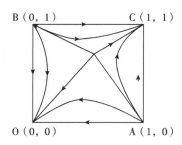

图 3-19 知识服务网络构建的动态演化示意图

由图 3-19 可知，系统在平面 S= {(x, y)；0≤x, y≤1} 的局部均衡点有 5 个，分别为 O (0, 0)、A (1, 0)、B (0, 1)、C (1, 1) 及 D (x*, y*)，其中，A 和 B 是不稳定均衡点，D 是鞍点，O 和 C 是均衡点，是 ESS，分别对应不加入网络、不提供满意服务和加入网络、提供满意服务两种策略。系统最终收敛到哪个策略要看其初始状态，当初始状态落在右上方时（即 x>x*，y>y*），系统将会收敛到 (1,1)，即系统实现了知识服务网络的有效构建；当初始状态落在左下方时（即 x<x*，y<y*），系统将会收敛到 (0,0)，即系统难以实现知识服务网络的有效构建；当初始状态落在区域左上方或右下方时，系统演化的方向是不确定的，系统向鞍点 D 演化，有可能进入左下方区域进而收敛到 (0,0)，

也有可能进入右上方区域进而收敛到（1，1），这反映了航空复杂产品项目知识服务网络在构建过程中互相博弈的演化过程和结果的多样性。

3.3.3 航空复杂产品项目中知识服务网络的演化分析

从（x^*，y^*）解值中可以发现，系统的演化主要与供应链知识服务网络有效构建的初始成本（C_a，C_b）、额外收益（V_a，V_b）以及（$V_a+W_a-C_a$，$V_b+W_b-C_b$）这三个因素有关，下面分别进行分析：

（1）知识需求方和知识服务供应方为构建有效的航空复杂产品项目知识服务网络而付出的初始成本（C_a，C_b）。初始成本主要是指双方构建知识服务网络的初始投资，如知识服务平台的建设成本、知识服务节点的建设成本、知识服务平台运行与管理成本等费用，还包括为更好地满足知识服务的要求而添置的设备和专业技术人员成本等。从图3-19可知，当知识服务网络构建时所付出的初始成本越大，即（x^*，y^*）越趋于（1，1）时，网络在构建之初系统越倾向于构建有效的知识服务网络。这说明在构建之初，由于知识服务网络的构建成本高，使得各方必须认真审视，一旦确定要投入建设知识服务网络，则需要各方都积极响应和参与，需要知识服务供应方提供高质量的知识服务，从而构建切实有效的知识服务网络。

（2）知识需求方和知识服务供应方因为构建有效的航空复杂产品项目知识服务网络而获得的额外收益（V_a，V_b）。V_a越大，y^*越趋于0，知识服务供应方越容易采取不提供高质量知识服务策略；同理，V_b越大，x^*越趋于0，知识服务需求方也越容易采取不加入知识服务网络的策略。这说明在知识服务过程中，网络成员会关注对方的收益情况，对方收益越大，越不利于知识服务网络的稳定和持续运行，因此，只有双方满意的"双赢"才能确保合作的持续进行，否则系统就会向（0，0）演化。

（3）（$V_a+W_a-C_a$，V_b-C_b）对知识服务网络演化的影响。当$V_a+W_a<C_a$时，由于$\pi_a+V_a-C_a<\pi_a-W_a$，$\pi_a-W_a<\pi_a$，从表3-1的支付矩阵来看，项目的知识需求方选择不加入网络所获得的收益更大，导致难以构建知识服务网络；当$V_b<C_b$时，由于$\pi_b+V_b-C_b<\pi_a$，$\pi_b-C_b-W_b<\pi_a$，项目的知识服务供应方选择不提供满意的知识服务所获得的收益更大，导致难以构建知识服务网络。因此，$V_a+W_a>C_a$

和 $V_b > C_b$ 是知识服务网络有效构建的基本条件。

3.4 本章小结

通过上述对航空复杂产品项目知识服务网络的形成机理、演化过程及其演化机理的博弈分析可知，知识服务网络的构建是项目知识管理的新的发展趋势，是提升项目核心竞争力的有效手段。下面，我们在航空复杂产品项目知识服务网络的演化博弈分析的基础上，提出一些有助于航空复杂产品项目知识服务网络构建的对策。

（1）在航空复杂产品项目知识服务网络构建之初，应做好知识服务网络的建设规划，让整个供应链企业都认识到构建知识服务网络的重要性，让其积极参与到知识服务网络的建设中来。在选择知识服务商方面，要对知识需求进行统一规划，选择那些能提供高质量知识服务的知识服务商。在知识服务网络建设阶段，提高供应链知识服务网络各方在人力、物力和资金等方面的前期投入，即使 C_a 和 C_b 的值尽可能地大（但不能超过预期收益），这是一种非常有效的规避一方临时逃避的方法。因为这些前期投入大部分是沉没成本，可以避免"机会主义行为"的发生，抬高退出知识服务网络的壁垒，使其形成一个比较稳定、高效的知识服务网络。

（2）建立合理的利益分配和补偿机制。航空复杂产品项目知识服务网络稳定运行的条件是网络各方的收益分配要合理，即实现"多赢"。在利益分配方面，采用公平、公开、公正的原则，根据各方在资源共享活动中的资源投入、资源共享程度、劳动付出等确定合理的利益分配制度，既要避免利益的单方偏袒，又要体现公平，以维持知识服务网络长期的稳定。同时，建立适当的利益补偿机制，当一方的前期投入大于预期收益时，应该建立适当的利益补偿机制，确保知识服务网络的各方都"有利可图"，使其有动力来构建知识服务网络，这样才有助于形成稳定的知识服务网络。

（3）航空复杂产品项目知识服务网络的成员应树立长远的战略眼光，应把各方的互惠合作行为看成长期的、战略性的行为，即保证各方的共享收益 V_i 都足够大并长期稳定，只有确保各方均能获得稳定合理的共享利益，才能构建稳定长久的知识服务网络。

（4）当 $V_a+W_a<C_a$ 和 $V_b<C_b$ 时，即当知识服务主体双方的预期额外收益小于初始投入成本时，难以构建知识服务网络，这种情况尤其容易发生在网络构建初期，预期期望收益过小或者投入成本过大，都会导致网络各方缺乏构建知识服务网络的经济动力。在这种情况下，需要项目内核心企业对知识服务网络的建设给予有效的经济激励，才能促成航空复杂产品项目知识服务网络的形成。

随着市场竞争的加剧、信息技术的发展以及项目的不断推进，项目内企业对知识的需求也不断上升，而且这种知识需求更加体现出个性化、及时化和完整性，为此，知识服务作为一种新的项目知识管理模式就此产生。这种在项目中以知识服务关系为纽带所建立的知识服务网络是如何形成的，它的演化过程是怎样的及其演化机理，是本章探讨的主要问题。对这些问题的研究有助于我们理解在航空复杂产品项目组织间知识服务网络是如何形成和演化的，从而为进一步的知识服务网络结构及其功能研究奠定基础。航空复杂产品项目知识服务网络领域还有许多的问题有待进一步研究，随着研究的深入，对航空复杂产品项目知识服务网络的认识将会不断提升。

第4章　航空复杂产品项目知识服务网络的运营机制

本书第3章主要从航空复杂产品项目知识服务网络的形成机理、构建的动力机制、演化机理三个方面，论述了航空复杂产品项目知识服务网络的构建机制。在整个项目落实后，知识服务网络就开始运行，航空复杂产品项目知识服务网络有其运作流程。本章主要是从航空复杂产品项目的知识服务、知识需求、运作流程来具体分析航空复杂产品项目的相关知识如何在知识服务网络中运营的。

4.1　航空复杂产品项目的知识服务

4.1.1　知识服务特征

航空复杂产品项目的知识服务，是随着知识服务概念的普及和智能化、远程化服务领域的发展而兴起的，它是指在知识需求的驱动下，从海量的信息资源中挖掘有价值的动态信息资源，通过知识服务平台实现实时知识转移与共享，以为团队成员提供所需的智力支持和高附加值的服务（王道平等，2012）。当前，知识型服务机构的第三方机构逐渐变成各组织获取外部知识资源的最佳选择。

知识服务作为一种面向知识内容的服务，主要具有下列特征：

（1）以知识需求方为对象，提供服务。致力于为知识需求方提供定制化、专业化的知识服务。本质是基于不同背景的知识需求方所提出的不同诉求，进而为其提供经过专业化加工后的知识资源，以便需求方能够更容易理解获得的知识以及知识产品，并将其运用到实际中，最终为知识需求方解决项目中遇到的难题。例如，提供挖掘信息等服务，或者提供用于分析零件特征、用户需求、偏好的报告或者知识产品。

（2）生产知识产品的服务。知识服务的本质就在于，它是通过知识搜寻在海量数据库中读取用户、学科、业务各方面的知识，通过整理与加工使知识转变成一种产品。航空复杂产品项目的知识服务则直接关联政府机关、各种机构、媒体等多个节点，为项目内知识需求方提供便于理解、运用的知识产品，协助其解决因知识不足或知识分散而导致的问题。

（3）深层次、有价值的信息服务。航空复杂产品项目中各个主体具有不同的知识背景，向知识服务方提出的问题和知识诉求也会具有差异性，因此提供给项目知识需求方的是针对性较强的知识服务。这种服务是深层次的信息服务，要求知识服务方在其专业领域需具备一定的优势与专业知识背景，并且具备优秀的数据分析和挖掘能力。

4.1.2 知识服务的更高要求状况

随着经济全球化与技术进步的飞速发展，项目中各个主体对航空复杂产品项目的知识服务提出了更高要求。项目中知识服务方网络建设定位应包括知识提供、知识管理、知识创新三个方面，其对应的具体知识服务包括敏捷完善的知识资源供应链、充实兼容的数据库资源、整合与提升的知识信息三个方面，如图4-1所示。

图4-1 知识服务网络建设定位

具体来说，首先，知识服务方按照知识需求方提供的需求清单成立专门的服务部门提供知识，形成知识需求方所需的知识资源供应链；其次，利用智能化的信息技术为知识需求方连续的知识活动提供专业的知识管理服务，提供充实的数据库资源，并直接介入知识需求方的知识系统，根据知识需求方的知识活动提供其所需的知识资源与知识产品，进而更为直接、高效地贯穿于知识需求方解决问题的始终，从而完成知识创新过程。

　　以上各方面都是以知识需求方的需求为基础，航空复杂产品项目知识服务应根据知识需求方对知识需求的特点，结合互联网信息技术，为知识需求方提供定制化的个性服务，真正做到以知识需求方为中心，以满足知识需求方要求、解决知识需求方问题作为终极服务目标。知识服务的服务方式应在网络化和远程化的服务体系中加以融合发展，以更加多元化和人性化的服务理念，开展网络知识检索服务、远程知识咨询服务、个性化信息推送服务、个性化信息定制服务及远程指导服务等多种形式的服务内容。知识服务体系的设计与规划最终能否达到预期目标，还需要在实践过程中对知识需求方的反馈信息进行搜集与分析，知识需求方的满意度是衡量知识服务体系合理与否的关键因素。

4.1.3　知识服务的提升

　　航空复杂产品项目的发展是航空工业发展的一部分，在国民经济发展和科技进步中发挥着重要作用，影响巨大。新时代对航空复杂产品项目知识服务提出了新要求，要求航空复杂产品项目知识服务方重新塑造知识服务的能力，重新贯彻"以知识需求方为中心"的服务理念，更好、更有效地为知识需求方服务，最终形成创新型或知识型产品、服务并提供给知识需求方。

　　（1）服务方式。

　　基于知识服务视角的航空复杂产品项目知识服务要严格按照知识服务的要求，建立并完善知识需求方需求机制，力求需求分析、定位准确。知识服务方式要主动化、个性化，有针对性地帮助与指导知识需求方。

　　（2）服务内容。

　　就服务内容来讲，需要广泛吸纳科技领域尖端研究成果，积极与国内外相关组织展开合作。知识与信息通过加工、采集、转化与存储，通过服务模块传递给知识需求方，以便于知识需求方有的放矢、快捷高效地解决项目难题。结合当前互联网与信息技术的发展，知识服务方要提供高效的网络化、数字化信息服务，以区别于传统的服务。某些领域的知识的复杂性也要求知识服务内容应具有针对性与多样化的特色定位。

（3）服务效果。

知识服务的目标在于将对不同渠道、不同类型的信息、知识进行有序化和整合化的分析处理，以一种更加完整和直观的形态呈现在知识需求方面前，快速帮助知识需求方解决问题，最大程度上增强信息、知识资源的活性与利用价值。因此，知识服务取得的效果以实现知识资源的流通与增值，提升分析资源、整合资源、运用知识价值的能力为己任。知识的重用与共享是航空复杂产品项目知识服务的核心环节，也是知识创新的前提和保障。更好地实现知识的重用与共享不仅能够增强项目的核心竞争力，还可以提升网络的知识服务效果。

4.2 航空复杂产品项目的知识需求

参与航空复杂产品项目的企业在完成项目的过程中并不是一帆风顺的，往往面临着研发经费不足、管理资源缺乏、项目进度缓慢、信息获取困难等诸多问题。因此，项目中很少有企业能独自通过内部努力在其所有的新技术发展方面保持领先。尤其是对处于竞争环境激烈、面临转型或升级压力的企业而言，向外获取资源成为一种频繁使用的、具有吸引力的选择。复杂产品的设计、研发、应用涉及诸多方面的知识，而对于项目中企业来说，除了利用自我知识库中的知识，还要需要利用知识服务网络获取知识，由此形成了知识需求。

项目的独特需求决定项目的知识需求，航空复杂产品项目知识需求特征主要体现在以下方面：

（1）知识需求量大。

航空复杂产品项目成员由企业、事业单位和各方人员组成。由于项目成员在知识水平上存在显著差异，因此，为了顺利完成项目，项目中的每一个成员都会根据自身的知识储备能力来选择相应的岗位，这样才能快速地胜任项目。但如果项目内各个成员仅依靠在项目中不断积累以达到项目所需的知识要求，这在短期内是很难实现的，这不仅会影响项目成员的长远发展，而且也会阻碍项目的顺利进行。

（2）技术更新变化快。

对于航空复杂产品项目而言，技术的利用是重中之重。项目中的每个主体不仅需要熟悉各种技术，还需要熟悉项目的具体业务。由于技术更新变化快，员工快速学习新知识、新技术并不断保持学习是大多数主体需着重解决的问题。考虑到人力成本的问题，在航空复杂产品项目中利用知识服务网络让项目内各个主体获得知识服务不失为一种很好的方法。

（3）所需知识具有针对性。

针对性是指项目成员需要掌握的知识的差异性。例如，除了设计知识和工具使用技能，复杂的产品设计团队还需要了解其他领域的知识，形成知识需求。尽管项目经理可能不需要掌握实现产品功能的具体方法，但他需要熟悉项目运作模式和主流项目中需要使用的技术。各个主体因为航空复杂产品项目联结在一起，因此有了紧密的知识联系。项目内各个主体都有自己的要素禀赋，也有自身的知识短板，因此需要不断地通过知识服务网络获取、共享新知识，方能顺利推进项目。

（4）需求多样化。

需求多样化是指项目的知识需求多样化，从另外一个角度来看，多样化是指在项目各个阶段所需的知识是存在差异的。例如，在项目初期阶段，知识侧重于对项目本身的业务理解，将概念设计转变为具体的产品是很重要的一个环节；在主要部件和大型复杂部件的设计、生产、组装阶段，知识侧重于零部件与整体的关联性和兼容性，核心竞争力的提高和保证质量水平都是至关重要的；在产品的调试阶段，倾向于如何确保产品运作的稳定性，即如何快速解决这个阶段中出现的问题。

4.3 航空复杂产品项目的知识服务网络的运作流程

4.3.1 知识服务网络

知识服务网络指的是一种由知识服务方和知识需求方所构建的以即时高效知识服务为目的的合作关系网，它是组织实现知识共享、知识服务与知识管理的关键平台。一个运行良好的知识服务网络可以使知识在网络各个节点之间的流动更为迅速，并能根据实际情况作出及时的反应，保持其灵活性。

航空复杂产品项目知识服务网络作为一种满足项目中各个主体即时需求的服务平台，旨在解决知识需求方提出的问题，涉及项目设计、开发、制造、销售和服务等网络节点，是一个典型的复杂网络。网络节点包括航空复杂产品系统集成商、制造商、供应商、销售商、客户、情报咨询机构、科研院所等机构及其知识型员工等，如图4-2所示。知识服务网络中的每个节点都有自己的知识储备和需求，以及自己的战略目标和行为能力。

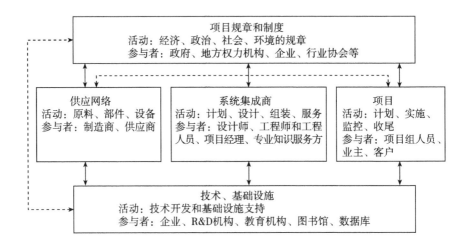

图4-2 航空复杂产品项目的参与者

知识的使用是各个网络节点对航空复杂产品项目产生价值的过程。但航空复杂产品项目是一个涉及多学科、多专业知识的复杂系统。在项目实施过程中，网络内各个节点总会遇到资金、知识和技术等方面的困难，对复杂产品项目而言，完成过程中出现各种预想不到的情况相当普遍。要想顺利解决这些问题，仅仅依靠网络内各个节点本身现有的经济、技术知识和管理知识，很可能无法达成目的。因此，必须能够在与集成商、制造商、供应商、用户等的知识服务网络互动活动中获是相关的新知识、相应的即时知识服务。

4.3.2 知识服务网络的运作流程

在整个航空复杂产品项目落实后，知识服务网络就开始运行，知识服务有其自身的运作流程。网络中的知识服务方与知识需求方为了更顺利地完成项目，通过各种渠道、多种手段进行知识的传播、分享。需要强调的是，网络中的某个节点在某个时刻可能是某种知识的需求方，在另外的时刻又可能是其他知识的原始知识服务方，它们之间的关系是动态变化的。

航空复杂产品项目知识服务网络是由多个节点或关系组成的知识服务网络，主要是知识与人之间的构成的网络（Carley，2002），其构成要素主要包括人、资源和关系等（Seufert et al.，1999）。知识服务有其自身的运作流程，如图4-3所示。知识需求方将航空复杂产品项目需求清单传递给知识服务方，服务方收到清单后，按照需求方的要求进行知识获取、整理、储存、发现、转换、推送、搜寻、交流、创新等活动，进而提供深层次、高价值、方便知识需求方利用的二次知识。

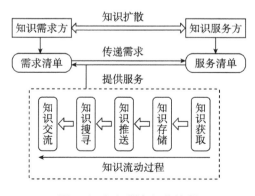

图 4-3 知识服务运作流程

知识服务活动是动态的、循环交叉进行的过程，主要包括知识获取、知识存储、知识推送等环节，具体如图4-4所示。

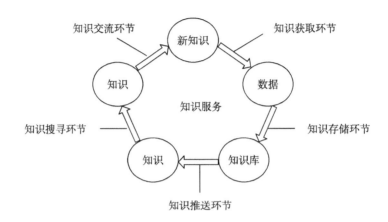

图4-4 航空复杂产品项目知识服务活动过程

（1）知识获取环节。

作为实施知识服务的第一环节，知识获取主要是对项目的显性知识进行搜寻，而对于项目中部分隐性知识则需要进行深度发掘，再将搜寻的知识进行集成与整合。最后通过知识筛选，从而获取有价值的信息。航空复杂产品项目知识服务网络中知识需求方众多，在某些时刻知识需求方动态转换为知识服务方。每个知识需求方都是独立的单位，虽然有着一致的目标，即希望项目顺利通过，但更多的是顾及各自利益。因此对于每个独立的需求方来说，有些知识的获取仅限于在服务购买方内部流转。换句话说，知识需求方要想获得知识服务方提供的知识就必须支付交易费用。

（2）知识存储环节。

对知识进行获取与发现之后将对其进行更深层次的整理、归档与存放，从而便于知识需求方进行最大限度的查询和使用。在对知识的类型和内容进行分析之后，进一步对其处理使之表达形式更加明晰，然后进行知识格式的标准化统一，存入相应的数据库、案例库。当航空复杂产品项目内的知识需求方有需要时，除了特定的知识要求，知识服务方均可从数据库中读取和使用；当需求方提出特殊要求，服务方可根据需求清单，搜寻新知识以及集成项目中的显性知识与隐性知识，不断更新知识库、案例库，满足需求方的即时需求。

（3）知识推送环节。

知识的推送是有针对性地将知识传递、分配给相应项目的各个主体。航空复杂产品项目知识推送以一定的标准及协议为基础，定期或不定期地向知识需求方传送所需要的知识。在这个过程中知识服务方需要了解各种推送技术的优缺点，在项目中引入合适的技术为航空复杂产品项目提供有力的智力支持。知识推送不仅有利于服务方自身对知识的吸收和运用，还使得部分知识可以覆盖到所有的知识需求方，使知识需求方获得良好的服务体验，也为知识服务方积累口碑。

（4）知识搜寻环节。

搜寻环节是知识服务方在获取环节的基础上，根据需求清单对知识进行搜寻，使得知识需求方能充分利用固有知识和新知识，从而能在项目实施过程中将其合理应用，尽可能地减少实施过程中的不可测和不可控因素，从而有效地缩小项目的不确定性。实质上就是将知识从理论知识转换为实际行动，为项目创造更多的价值。在日常的经营活动中，项目各个主体必须有意识地进行知识存储和集成活动，营造出知识共享的氛围。

（5）知识交流环节。

知识交流环节是在项目知识服务网络内外将知识进行广泛传播的过程，也就是知识以各种形式在各个网络节点之间进行交流、传播。通过知识的交流，实现知识在项目各个主体之间的交换，不仅增强个人和项目各个主体的专业水平，更有利于创造新的知识，进行知识的创新。在航空复杂产品项目内，设计的密集性和产品的复杂性形成了许多极为复杂的工作，同时也有其他无法预计的突发情况。因此，众多知识在知识服务网络中流动，大量知识资源需要被有效整合、重组。此时，知识共享可以帮助激发灵感，协调各网络节点之间的关系，有效解决在项目实施过程中遇到的难题。

上述各个环节可以有序依次进行，也可以几个环节同时进行或者交叉进行，从而促成知识在跨个体、跨项目组织中的传递、传播，保证航空复杂产品项目知识的整体性与连贯性。

4.4 本章小结

本章分析了航空复杂产品项目知识需求、知识服务以及知识服务网络运营机制中的运作流程三个方面的内容，发现参与航空复杂产品项目的企业在完成项目的过程中存在各种各样的问题，其中包括本章分析讨论的知识需求方和知识供给方对知识的获取和利用，应提高知识的利用价值，生成新的产品。但目前，大多数企业靠外部知识服务机构或者自身知识库获取知识，容易造成获取知识速度慢或者信息缺失，影响企业对知识资源的利用效率。因此，为了提高企业对航空复杂产品项目知识服务网络的利用效率，提出以下两点建议：

（1）拓宽知识获取渠道，建立完善的知识库。企业在利用航空复杂产品项目知识网络服务时，不仅要加强与制造商、供应商、客户等的知识交流与更换，还要充分利用外部信息如社交媒体、互联网等工具，从不同的渠道获取知识，对不同的知识进行整合与利用，在建立知识体系的过程中，加强对知识的创新，形成新知识。同时也要加强自身的知识库建立，形成完善的知识体系，加强对知识的分类与整理，方便知识的提取与利用。

（2）与第三方知识服务型机构合作，加强对复合型人才的培养。知识的获取与利用都离不开人，我们不仅要了解知识需求方的知识需求，也要了解知识供应方的知识供应类型。在企业构建航空复杂产品项目知识网络时，考虑到自身的资金使用与成本，应选择适当的方式去利用知识，如资金不充足或者是刚起步的中小型企业可以考虑寻求第三方合作，节约成本，以最小的成本去获取知识资源。在企业中应培养相应的知识型人才对知识运作系统进行管理，通过专业的人才去获取专业的知识，减少信息的误差与偏失，提高产品的竞争力。

第5章　航空复杂产品项目知识服务网络的治理机制

5.1　知识服务网络治理的环境

航空复杂产品项目知识服务网络是以知识共享、交易和服务为核心的关系网络，具有复杂网络和复杂系统特性，因此，知识服务网络的治理环境也很复杂，其复杂性主要来源于知识的复杂性、知识服务网络的复杂性和知识扩散的复杂性，其主要表现在网络治理主体的多样性、网络治理模式的多样性和知识服务需求的不确定性等。

5.1.1　网络治理主体的多样性

航空复杂产品项目知识服务网络是一种以知识共享和交易为纽带的关系网络。其构成主体比较复杂，既包括项目内的所有企业，又包括专业性的知识服务企业，还包括知识交易的监管和治理机构等。这种主体的多样性，导致其关系错综复杂，使知识服务网络的治理难度加大，协调成本增加。而且，知识服务网络打破了传统的企业边界，使单个企业在关注内部治理机制的同时，必须关注整个项目的知识网络治理问题，因此在航空复杂产品项目知识服务网络中，要注意维持各成员企业之间的关系，注重专业知识服务方与知识需求方的沟通协调，加强对网络组织中合作伙伴关系的治理。

5.1.2 网络治理模式的多样性

知识服务网络主体的多样性，导致对其有效治理的模式也具有多样性，需要针对不同主体和治理环境，采用相应的治理模式。在5.4节将会讨论航空复杂产品项目知识服务网络四种不同的治理模式。在治理机制方面，需要综合应用关系治理和合同治理，来对其进行有效治理。

5.1.3 知识服务需求的不确定性

项目内不同企业对知识的需求是不同的，而且表现出个性化趋势，随着时间和环境的变化，会产生不同的知识需求，这就增加了知识服务需求的不确定性。同时，这种不确定性又增加了知识服务企业服务水平的不确定性，导致知识服务网络各方在知识服务内容和水平方面存在分歧，产生矛盾和冲突，并最终可能损害合作关系，导致网络关系终结，因此，这些不确定性增加了网络治理的难度。

5.2 知识服务网络的治理问题

航空复杂产品项目知识服务网络主要存在三种典型的风险：关系风险、绩效风险与嵌入风险，这些风险的存在导致需要对其进行治理。因此，本书从风险的角度，把航空复杂产品项目知识服务网络的治理问题归结为三大风险：关系风险、绩效风险和嵌入风险。

5.2.1 关系风险

关系风险是指航空复杂产品项目知识服务网络中的成员企业不能遵守协作精神的可能性，它来源于合作者未来行为的不确定性，用来反映合作者的机会主义行为，如歪曲信息、部分执行契约与承诺、窃取非共享的核心知识等。在航空复杂产品项目知识服务网络中，非共享的核心知识的窃取可能给对方带来很大损失，是最大的隐患。因此，关系风险本质上是能力价值风险，反映了企业能力的独特价值和异质性因合作者机会主义行为所导致的流失可能性和流失程度。由于在知识服务网络中成员企业相互影响，提高了企业能力边界的可渗透性，一些核心知识能力难以与合作者进行完全隔离，导致关系风险出现。

关系风险与企业的知识能力有关，企业的知识能力通常体现在其知识获取、知识加工和知识创新等方面。在强弱企业的知识服务网络中，企业间的地位难以达到平等，这种不对称的关系导致关系风险的不均衡。企业在知识服务网络中更多地依赖于公平而非效率评价合作关系。在知识服务网络中，有的企业会对知识投入与知识收益进行对比分析，当它们感觉到收益与投入不匹配产生的不公平时，就会减少投入或采取其他机会主义行为，因此收益分配体系是否公平会影响关系风险。网络成员在讨价还价力量上的不均衡，造成合作契约本身并没有遵循公平原则，契约结构失衡，一方共享核心知识而另一方却未共享核心知识，使其面临很大的关系风险。

5.2.2　绩效风险

绩效风险是指航空复杂产品项目知识服务网络的知识服务效果（产出）达不到预期目标的可能性，当知识服务网络的效果（产出）达不到各方预先设定的目标时，会导致网络的绩效低下。绩效反映了航空复杂产品项目知识服务网络的知识效率和知识收益，它存在于每个成员企业中，即使企业不加入航空复杂产品项目知识服务网络，这种风险依然存在。导致航空复杂产品项目知识服务绩效低下的两个因素是外部环境因素与内部合作者因素。

外部环境因素是一种系统性风险，知识服务网络可以提高双方的知识收益，在一定程度上降低外部环境要素对双方的影响，但外部环境因素影响绝不会消失。知识服务网络外部不可逆的环境演变依然可能造成知识服务网络的绩效低下。

内部合作者因素主要源于合作者能力风险与协作风险。合作者能力风险是一种演进性风险，在航空复杂产品项目知识服务网络构建之初，合作者可能是满足核心企业的航空复杂产品项目知识服务网络要求的，但随着知识服务网络的不断演化，双方发展速度的差异逐渐显现出来，那些能力进步慢的企业因跟不上合作者发展的脚步而逐渐落在后面，导致知识服务网络中出现任务的完成状况不能适应环境的要求，知识服务网络构建之初的均衡性被打破。例如，合作者在知识创新、知识扩散和知识理解方面的能力随着时间的推进出现差异，导致知识服务供应和知识服务需求之间出现能力差异的矛盾，以致影响双方的知识合作。另外，绩效低下还源于合作者内部协作问题，导致双方的能力难以有效契合，其根源在于没有设计一个有效的整合协调机制，导致渠道阻塞与流程上的脱节。合作企业中经常会有一些知识能力没有得到充分利用，或者是由于配套能力的缺乏又或者是出于企业战略上的考虑处于暂时闲置状态。当知识能力存量超出最优能力边界时，剩余能力得不到充分利用会产生租金流失。

因此，需要减少外部环境和内部合作者因素对知识服务网络绩效的影响，针对环境的变化，要对长期关注外部环境的变化，注意环境变化对网络绩效的影响，提前做好相应的准备防范环境变化对网络各方的影响；另外，为了充分利用知识服务网络各方的知识能力，可以通过整合合作企业的知识能力获取协同利益，实现知识收益最大化。

5.2.3 嵌入风险

嵌入风险反映了合作企业对航空复杂产品项目知识服务网络的知识能力投入程度和逐渐发展的合作者专有性程度。航空复杂产品项目知识服务网络嵌入风险是指合作企业过于依赖现有的知识服务网络或者知识服务网络的专有性程度太高，消耗了企业太多的资源，阻碍了企业建立其他知识服务网络的能力。通常，合作企业融入知识服务网络具有一定的路径依赖性，企业之间良好的协作关系有助于推动双方进一步的协作，这样不仅可以降低知识服务网络构建过程中的合作伙伴搜寻成本、谈判成本和履约成本等，而且由于成员企业专用性资产的投入，不用担心机会主义行为。

知识服务网络嵌入风险可以分解为转换成本与机会成本。转换成本产生于成员企业从一个知识服务网络向另一个知识服务网络转换时产生的成本。当这种转换越来越困难时，转换成本也越高。转换成本本质上依赖于不同知识服务网络中的知识资源互补数量、质量或专用性能力投资，同时还存在机会成本，某些知识服务网络由于长期信任、人际网络以及领导人之间的友谊具有强大的黏滞性。

5.3 知识服务网络的治理目标

5.3.1 防止机会主义

航空复杂产品项目知识服务网络治理的关键之一，在于能否确保网络中知识合作各方不去利用它们之间的信息不对称和不完全契约而谋取私利。知识的准公共性、合作绩效的难以测量，以及新技术的不确定性，使得契约制定过程中很难预测未来知识合作中可能发生的情况，导致了知识合作契约的不完备性，为机会主义行为的出现埋下了伏笔。另外，网络化的合作会成为投机或寻求技术租赁的场合，合作者可能会变为直接的竞争对手，使得合作企业往往因为各种顾虑而不愿意继续合作。因此，如何防止机会主义行为的发生，避免网络成员企业单方面终止合作，或者在合作中损害合作方的利益，是航空复杂产品项目知识服务网络治理的一个主要目标。

5.3.2 提高运作效率

网络治理的目的是提高航空复杂产品项目知识服务网络的知识利用和创新效率，以及航空复杂产品项目的整体知识收益。知识只有在网络中充分共享和创新才能充分发挥其价值和效用，提升整个航空复杂产品项目的运作绩效，建立完善的航空复杂产品项目知识共享和服务机制，可以为航空复杂产品项目内相关企业提供研发、运营、销售和服务等各方面的知识需求，推动合作知识创新，为航空复杂产品项目内相关企业及其利益相关者都带来关系租金，提高了整个航空复杂产品项目系统的运作效率和整体绩效。

5.3.3　协调利益分配

航空复杂产品项目知识服务网络的治理目标服从于其组织特性。知识服务网络是一个虚拟的社会组织，不是一个独立的实在利益主体，网络整体的价值实现只能建立在各网络成员组织目标的共同实现的基础上。每一个网络成员组织均是独立的利益单位，具有自律、自适应和自我调节功能，是相对独立运作的经济实体。服务网络中的成员组织与其他的组织，在知识业务上是一种合作关系，在利益上又存在相互竞争关系。由于每一个网络成员组织都是从自身利益出发加入知识服务网络，如何实现网络成员组织与其他成员组织之间的利益均衡协调问题，是知识服务网络的主要治理目标之一。

5.4　知识服务网络的治理模式

航空复杂产品项目知识服务网络作为一种网络型组织，既是知识组织的一种形式，又是企业之间知识交易的一种方式，因此，航空复杂产品项目知识服务网络的治理不同于传统的两种治理形式，即科层治理与市场治理，而是需要以网络组织为基础的新的治理模式，即网络治理。

知识服务网络治理模式是通过经济契约联结与社会关系嵌入构成的，是在以知识共享和知识交易制度为核心的航空复杂产品项目组织间知识关系安排下的标准调适方式（孙慧中，2007）。从网络治理的过程和目标分析出发可知，决定知识网络治理模式的两个主导要素是知识的可占用关系和组织之间的协调方式（彭正银，2003）。

5.4.1　知识的占用关系

知识的占用关系是组织知识需求的具体体现，反映了组织知识需求过程中与网络其他组织的知识联系和关系。知识服务网络整合和共享航空复杂产品项目成员企业的知识资源，提供知识共享和知识服务，知识的占用能使航空复杂产品项目的成员企业通过知识服务网络获取各自所需要的知识资源，实现航空复杂产品项目网络知识效用的最大化。航空复杂产品项目知识服务网络中知识的占用关系有两种，即知识共享型占用和知识交易型占用。

（1）知识共享型占用。

知识共享型占用是航空复杂产品项目成员组织通过在知识服务网络中共享各自的知识资源，并寻求和占用各自所需的知识资源，体现了组织间的相互合作和互惠互利关系。航空复杂产品项目成员组织在知识服务网络中通过与其他伙伴共享知识，获得自己所需要的知识，形成知识的储备积累和创新，提高整个航空复杂产品项目的知识管理和应用水平。但是这种方式得以实现的前提条件是组织间所共享的知识具有较强的互补性，并且相互之间具有较高的信任度和强烈的知识共享愿望。由于知识的共享型占用是通过各成员组织，相互占用彼此更多的知识资源，因而也存在航空复杂产品项目组织之间在技术和管理等方面同质化倾向的缺陷，并且容易导致创新惰性和"搭便车"等行为出现。尤其对于项目内同一层次的企业，由于产品和业务的相似性，存在直接的竞争关系，知识很难在它们之间进行有效共享，这将在一定程度上对航空复杂产品项目知识服务网络的稳定性及知识共享产生不利影响。

（2）知识交易型占用。

知识交易型占用是项目内组织通过知识服务网络中专业化的知识服务组织来获得所需的知识资源，知识的获得主要是通过知识交易来完成的，体现了知识的价值和专业化知识服务理念。知识服务企业根据知识服务协议为知识服务网络内成员企业提供所需要的各种知识服务，知识服务水平的高低决定了航空复杂产品项目成员企业知识应用水平的高低。但是这种方式运行的前提是市场上存在专业性的知识服务商，并且是以知识服务协议作为知识交易的基础，知识服务内容、水平和知识定价等是知识服务协议的重要内容，知识服务协议影响着航空复杂产品项目组织对知识的有效获得和占用；另外，知识市场为知识交易提供了所需的各种资源、市场条件和交易规范制度等。因此，规范完善的知识服务协议和完备的知识市场是实现知识交易型占用的关键。

知识共享型占用与知识交易型占用，通过不同的资源投入与知识收益分别影响着网络治理模式的构成。

5.4.2　组织间的协调方式

组织间的协调方式是组织获取知识的具体手段，反映了组织知识需求过程中与网络其他组织的经济联系和契约关系。分工导致航空复杂产品项目企业自身仅具有某一方面的知识资源，但仅凭自身拥有的知识资源在激烈的市场竞争环境中难以实现企业的目标。为此，这些企业需要通过与航空复杂产品项目内其他企业组建知识服务网络，共享彼此的知识资源和获得专业的知识服务来实现航空复杂产品项目的整体目标。

航空复杂产品项目内部企业所拥有的知识资源既依赖项目外部其他企业的知识资源，又被其他企业的知识资源依赖，这就需要采用多样性契约对它们间的知识共享和交易进行协调。航空复杂产品项目知识服务网络中各成员企业间的知识共享和交易主要有两种协调方式：双边协调与多边协调。

（1）双边协调。

双边协调是指所有相关契约的制定和变更事宜均由知识共享和交易双方运用自身能力协调解决，而不依靠第三方及司法机构进行调解的协调方式。双方通过自身协调订立"互惠"的关系契约，在重复交易的博弈中均衡交易的风险，在增加双方共同利益的同时增加双方各自的利益。但是这种协调方式缺乏第三方权威维护，只是依据双方合作契约来抑制各方事后"机会主义"的出现，需要建立高信任和低风险的运作环境，并且达成一种长期双边合作的"共同调整"。所以，这种共同调整的双边协调虽然是一种最低成本的协调行为，但是却因缺乏第三方权威维护而造成协调效率较低或有效性较小。

（2）多边协调。

多边协调是指除了航空复杂产品项目知识共享和知识交易双方，由第三方参与协调的方式，交易双方根据事前共同商定的某种程序，通过多方共同协商来确定知识交易双方的责任、义务和收益等内容。多边协调实质是一种有第三方权威维护，由交易双方再加上中心协调方三方共同进行协调的方式。在网络治理过程中，当交易呈现人物复杂性、状态不确定性、资源专用性较高时，双边协调往往无效率。此时多边协调可以对双方事后的机会主义行为产生更大的抑制作用，可以从整体上对各方企业行为进行有效控制，并能显著地推动双方知识资源的共享和交易，因而是一种更有效的协调方式。但是这种方式的协调过程更加复杂，协调成本较高。

双边协调与多边协调通过不同的协调方式和效果分别影响着网络治理模式的构成。

5.4.3　知识服务网络治理的基本模式及其特点

基于以上分析，航空复杂产品项目知识服务网络可以以知识的占用关系和组织间的协调方式为双变量建立知识服务网络治理的四种基本模式，具体如表 5-1 所示。

表 5-1　知识服务网络治理的基本模式

		协调方式	
		双边	多边
知识占用	共享型	模式Ⅰ：共享型—双边	模式Ⅱ：共享型—多边
	交易型	模式Ⅲ：交易型—双边	模式Ⅳ：交易型—多边

下面进一步分析这四种基本的航空复杂产品项目知识服务网络治理模式的主要特点。

（1）共享型—双边知识服务网络治理模式的特点。

由于该治理模式是由共享型知识占用和双边协调治理组合构成的，故该治理模式下的成员企业在知识资源方面具有较强的互补性，相互之间有着强烈的知识共享愿望，在协调关系上知识共享双方平等协商，彼此具有较高可信任度，具有相同的价值观和目标，因此，在知识共享中能够借助自身的能力通过双边协调来订立知识共享的合作契约和解决矛盾问题。但是，这种模式存在以下几个方面的问题：一是合作契约的有效制定问题，由于是知识共享双方来协商约定相应的知识共享内容和方式，协商过程是一个讨价还价的过程，需要耗费大量的时间、成本和精力，而且在设计知识共享契约时，也容易导致内容不完善。二是关键知识的有效共享问题，由于每个航空复杂产品项目成员企业都担心自己的关键专用知识被竞争者占用后导致自身核心竞争力的削弱，从而降低本企业产品的市场占有率和利润。这些担心使得各成员企业会对自己专用的核心知识加强保护，在知识共享中一般不愿涉及关键的核心技术，其结果将在一定程度上阻碍航空复杂产品项目知识服务网络内各成员企业之间核心知识的有效共享。三是协调过程中缺乏第三方权威协调和维护问题，因而当双方进行知识共享出现利益冲突时，往往导致协调效率降低或有效性较小。

根据该治理模式的特点，知识服务网络内知识共享双方应建立有效的协调机制，完善合作契约设计；建立有效的知识共享激励机制，激励成员企业共享核心知识；另外，还需要在知识服务网络组织内部建立严厉的惩罚和约束机制，防止成员企业借知识共享之机"搭便车"和规避核心知识的外泄。通过这种激励和约束机制的制定和实施，知识服务网络组织的成员企业能够最大限度地占用彼此的互补性知识，提高知识可利用的程度，从而有助于增加互补性知识共享的广度和深度。因此，应将这些有效的协调、激励和约束机制纳入合作契约，并采取具体措施促使双方认真履行合作契约的约定内容，加强双方协调，消除猜疑和矛盾，提高在知识共享出现利益冲突时协调的效率和有效性。

（2）共享型—多边知识服务网络治理模式的特点。

该治理模式是由共享型知识占用和多边协调治理组合构成的，由于知识共享是成员企业占用知识资源的途径和方式，因而也具有上述共享型知识占用—双边治理模式的前两个问题，即合作契约的有效制定问题和关键知识的有效共享问题。除此之外，由于多边治理是有权威第三方参与的多边协调，当相关成员企业在知识共享中出现利益冲突时，可由权威的第三方来协调彼此的冲突和利益，寻求各方都可以接受的结果。权威第三方的介入和协调，能在很大程度上约束成员企业的违约行为，使其在知识共享活动中所产生的矛盾得以解决，避免利益冲突的激化和利益受损，从而确保航空复杂产品项目知识共享活动得以顺利进行。但是多边协调也存在着如下问题：一是协调过程复杂和协调成本较高；二是寻求双方均认同的权威第三方存在一定的困难。

根据该治理模式的特点，除了采用与共享型—双边知识服务网络治理模式相同的治理策略，还应该建立有效的多边协调机制，选择双方均认可的权威第三方参与协调，明确其协调内容和方式，理顺多边协调流程，控制协调成本，减少无效性协调；同时，还需认真维护协调第三方在协调时的权威地位，保持多方平等协调，确保知识共享双方在出现利益冲突时协调的公正性、高效性和有效性。

（3）交易型—双边知识服务网络治理模式的特点。

由于该治理模式是由交易型知识占用和双边协调治理组合构成的，故该治理模式下知识需求方只能以知识定价和市场交易的方式来占用知识，主要是针对那些不能进行知识互补共享和需要专业化知识需求的企业，同时，交易双方能够借助自身的能力通过双边协调来订立知识服务的合作契约和解决冲突问题。但是，这种模式存在以下几个方面的问题：一是知识服务的可行性问题，一方面需要有专业的知识服务商，才能签订相应的知识服务契约；另一方面需要有知识交易的场所和交易规则，才能完成知识交易活动，这些条件是完成知识服务的首要条件。二是知识定价问题，知识定价是公平交易的基础，也是知识服务水平的体现，不合理的定价方式将导致交易契约难以有效签订，增加协商的难度。三是知识产权的问题，通过知识交易所获得的知识，其产权应该是属于知识服务商的，这些知识可能会通过知识需求方泄露给其他第三方企业，导致知识服务商的利益受损，因此，这个问题不处理好，将会制约知识服务业的健康稳步发展。四是协调过程中缺乏第三方权威协调和维护问题，因而当双方进行知识交易出现利益冲突时，往往导致协调效率降低或有效性较小。

根据该治理模式的特点，航空复杂产品项目知识服务网络知识交易双方应建立有效的协调机制，完善合作契约设计；培育专业性的知识服务企业，建立完善的知识市场和知识交易规则，激励知识服务企业提供优质的知识服务；另外，还需要建立完善的知识产权保护机制，保护知识服务企业的知识产权，激发知识创新，防止知识侵权行为的发生。因此，应将这些有效的协调机制、知识市场交易规则和产权保护机制纳入合作契约，并采取具体措施促使双方认真履行合作契约的约定内容，加强双方信任与协调，消除猜疑和矛盾，提高协调的效率和有效性。

（4）交易型—多边知识服务网络治理模式的特点。

该治理模式是由交易型知识占用和多边协调治理组合构成的，由于知识交易是成员企业占用知识资源的途径和方式，因而也具有上述交易型—双边知识服务网络治理模式的前三个问题，即知识服务的可行性问题、知识定价问题和知识产权的问题。除此之外，由于多边治理是有权威第三方参与的多边协调，当相关成员企业在知识共享中出现利益冲突时，可由权威的第三方来协调彼此的冲突和利益，寻求各方都可以接受的结果。权威第三方的介入和协调能在很大程度上约束成员企业的违约行为，使其在知识共享活动中产生的矛盾得以解决，避免利益冲突的激化和利益受损，从而确保航空复杂产品项目知识交易和知识服务活动得以顺利进行。但是多边协调也存在着如下问题：一是协调过程复杂和协调成本较高；二是寻求双方均认同的权威第三方存在一定的困难。

根据该治理模式的特点，除了采取与交易型—双边知识服务网络治理模式相同的治理策略，还应该建立有效的多边协调机制，选择双方均认可的权威第三方参与协调，明确其协调内容和方式，理顺多边协调流程，控制协调成本，减少无效性协调；同时，还需认真维护协调第三方在协调时的权威地位，保持多方平等协调，确保知识共享双方在出现利益冲突时协调的公正性、高效性和有效性。

5.5　知识服务网络的治理机制

机制是指系统内各个主体之间相互联系和作用的制约关系及其调节功能。因此，治理机制就是指系统成员行动的自我约束、自我制衡的自我调节功能。治理机制至少要发挥以下作用：一是使得被治理的对象能够按照特定的游戏规则运行；二是具有内在的负反馈作用，使治理过程中的偏差得到及时的纠正；三是治理对象之间的相互作用、相互影响和相互制衡，形成一种按照特定路径演化的内在合力。由于研究角度的不同，治理机制也呈现出多元化的特点。航空复杂产品项目知识服务网络的治理机制就是知识服务网络中各个成员企业的行动要自我约束、自我调节，按照一定的规则运行，并及时纠正治理过程中出现的偏差，以此来消除网络治理的影响因素，提高航空复杂产品项目知识服务网络组织的知识应用和创新水平。本书把航空复杂产品项目知识服务网络的治理机制分为两种形式：合同治理和关系治理。

5.5.1 航空复杂产品项目知识服务网络的合同治理

合同治理借助正式的手段如契约、协议书来规范合作企业的行为。合同可以清楚地表述网络成员企业的责任和权利，可以减少合作的风险，通过事先的合同设计来界定网络各节点的权利和义务，以利益分配、风险规避、服务承诺、激励机制等诸多方面的约束对航空复杂产品项目知识服务网络群体行为实现规范和约束。但合同治理缺乏灵活性，可能导致协议实际难以执行或者根本无法执行，或者难以适时地调解实时的伙伴冲突，或者执行前后的"机会主义"。因而在网络治理中除了契约这种刚性约束方法，人们更倾向于正式契约之外的"软控制"。

5.5.2 航空复杂产品项目知识服务网络的关系治理

关系契约理论认为，沟通、承诺、灵活性、信任是构成关系治理的重要维度，其中，信任是联结交易双方的关键因素，也是治理关系中的核心因素。在航空复杂产品项目知识服务网络中具体表现为，知识服务网络成员根据各自的需求与各方进行信息、知识交换、沟通等行为活动。为了航空复杂项目知识服务网络成员能够最大程度地利用知识与服务进行决策，一方面，需要双方建立长期共存的信任关系，这种信任关系有利于双方直接进行沟通，减少信息渠道冲突；另一方面，通过建立信任关系，有利于减少机会主义和其他不必要的支出成本，将更多的时间和精力用于研究主体项目，提高工作效率。然而，任何一种关系的建立过程有交流就会有冲突，这是不可避免的法则。航空复杂产品项目知识服务网络主体之间产生冲突的原因包括外部环境因素和内部环境因素，比如内部环境因素是指他们自身所接受的文化、理念与别人有所差异，在沟通过程中由于观念差异容易与对方发生分歧。为了减少冲突，需要双方积极交流、沟通，求同存异。仅仅是依靠沟通还不能解决问题，还应依靠声誉市场的监督作用。声誉市场，是指如果一家企业有了采取投机主义行为的"声誉"，其他企业就不想再与它合作，从而使其陷入极为不利的境遇。所以在存在声誉市场的情况下，即使是企业在当前投机行为可能带来极大回报的诱惑下，也会考虑声誉对长期利润的影响而采取谨慎的态度。因此，双方建立信任关系是在关系治理中建立长期合作伙伴关系的关键一环，需要双方相互协调与积极沟通，共同努力维持长期信任关系。

5.5.3 关系治理与合同治理的互补性

关系治理的经济模型说明了简单的重复交易在激励长期合作方面的重要作用（Klein，1996）。在这样的模型中，未来交易所带来的预期支付阻止了对以损害长期合作为代价的眼前利益的追求。合同治理的优点，不仅在于明确规定了合作各方为合同的履行所承担的义务和所作的承诺，而且也明确规定了违约所要受到的惩罚，因而限制了机会主义行为所带来的利益。如果不把与交易有关的条款明确地在合同中表述出来，就很容易强化对短期欺骗行为的激励，从而降低对合作行为的预期。由于正式合同提高了交易的一方对另一方合作行为的预期，因此它与非正式的关系治理是互补的。长期合同常常包含当变革发生时各方相互调适的条款，这将有助于各方建立长期的合作关系和信任关系。其实，合同缔约的过程本身也能提高对于合作行为的预期。合同中有关如何处理未预期到的变化、对违约的惩罚以及对未来的其他预期等条款，通常是由合作各方共同决定的，这实际上也是各方合作关系的发展过程，从而有助于合同的制定和执行，以便于提高交易效率。

然而，由于缔约方认知能力的局限，他们不可能在事前对未来进行准确的预期，因此很难在合同中明确地规定对未预期事件的可能解决办法。如果在合同执行期间，环境发生了很大的变化，合同本身就不能保证关系的连续性或以各方都能接受的方式解决争端。这时，合同仅仅有助于交易的终止，而关系治理恰恰能够弥补正式合同适应性的不足。因为提前终止合同的代价可能太大，交易各方出于对长期利益的考虑，有可能基于在合同执行期间对对方的理解，而使交易关系持续下去。

此外，关系治理也有助于对合同的修正。随着交易各方关系的建立和发展，以前合作的经验和教训会及时地反映在合同的修订中。交易经验、信息共享的方式、各方彼此间的理解等，都有助于交易各方制定和实施更为详细与复杂的合同。换句话说，关系治理与合同治理的互补性意味着各方互惠性关系的建立。正式合同有助于提升各方间的信任和其他对交易有利的关系，关系治理则有助于各方关系的稳定并有助于合同的修正。在合同治理与关系治理的互补性方面，信任是一个桥梁和杠杆。

在航空复杂产品项目知识服务网络的治理中，合同治理与关系治理是同时存在的，只不过，在某些时期，合同治理的程度强些，另一些时期关系治理特征则更明显，两者都影响着整个网络运作绩效。这种治理选择方式可分四类：强关系治理—弱合同治理型、强合同治理—弱关系治理型、强合同治理—强关系治理型（俱强型）和弱合同治理—弱关系治理型（俱弱型），如图 5-1 所示。

图 5-1　合同治理和关系治理的组合选择

5.5.4　航空复杂产品项目知识服务网络的治理谱系图

在航空复杂产品项目知识服务网络"合同—关系—结构"治理框架中，合同治理相当于"法"，目标明确，方式比较刚性，规定了合同双方的具体责任、义务、违约惩处等，能有效地解决知识服务网络内部的短期激励和惩罚，但合同治理具有不完备性、具体操作不够灵活等局限性。而关系治理则相当于"情"，具有柔性治理的特点，主要通过信任、沟通、协调、激励、监督等机制，对网络中的各种矛盾、冲突进行协调、整合，以实现航空复杂产品项目知识服务网络关系的有效性、紧密性和可持续性。因此，关系治理对航空复杂产品项目知识服务网络双边及多边关系的长期稳定和共同发展提供了有效的解决方案。而结构治理主要是通过建构结构洞的方式对合同治理和关系治理产生影响，合同治理和关系治理对结构治理产生单向影响。航空复杂产品项目知识服务网络的治理谱系如图5-2 所示，可根据网络治理的需要选择相应的治理机制。

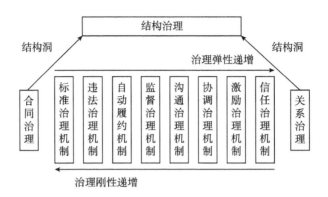

图 5-2　航空复杂产品项目知识服务网络治理谱系

5.6　本章小结

　　本章主要是通过治理环境、治理问题、治理目标、治理模式和治理机制五大方面来分析航空复杂产品项目知识服务网络的治理机制中存在的问题并给出相应的解决措施。在复杂多变的治理环境中，航空复杂产品项目知识服务网络的治理主体不仅要根据环境的变化和市场的需求做出相应的决策，还要顺应时代的潮流发展，利用新技术和培养新型人才去解决治理机制中出现的结构化和非结构化问题。同时，还要处理好关系风险、绩效风险、嵌入风险这三大风险以及选择合适的治理模式，通过实践与应用发现治理模式中存在的问题，找到适合自己的治理模式。在满足知识需求方和供应方的需求的同时，不断优化航空复杂产品项目知识服务网络的治理环境，提高客户满意度，达到其提高运作效率和协调利益分配的治理目标。

第6章 航空复杂产品项目知识服务网络的关系治理

6.1 问题的提出

在航空复杂产品项目知识服务网络中，关系治理是交易关系的各种要素在嵌入性结构中互动的结果。通过在嵌入性结构中连续地互动，可以减少有限理性的负面影响，机会主义行为倾向也可以得到抑制，从而使契约得到合理履行。通过这些互动过程，关系得以发展、维持或终结，交易契约的运行过程也随之得到治理。因此在航空复杂产品项目知识服务网络中，要注意维持各成员企业之间的关系，注重专业知识服务方与知识需求方的沟通协调，加强对项目组知识服务网络成员关系的治理。

6.2 关系治理模型——信任模型的构建

6.2.1 基本模型

信任模型中，航空复杂产品项目知识服务网络成员之间的博弈主要是知识需求方与知识供给方的博弈。基于两者信任关系的建立过程做出以下基本假设：

（1）博弈双方是完全理性经济人。

（2）博弈双方都追求自身利益最大化。

（3）博弈双方具有相同的谈判技巧，可以通过沟通得知对方的策略。

（4）航空复杂产品项目知识服务网络中存在多个知识供给方和多个知识需求方。

（5）一旦合同签订，知识需求方购买知识服务方知识产品的数量和价格固定，此时，双方的努力程度是影响利益的关键因素。所以此处不考虑价格、数量等其他变量对利益的影响。

双方都选择信任，收益为 A；若双方都选择不信任，则收益为 B；若有一方选择不信任，则不信任方的收益为 C，信任方收益为 D。其中，C>A>B>D。

如表 6-1 所示，在博弈模型中，双方都从完全理性经济人的角度考虑，选择最有利于自己的策略，最终的结果就是（B，B），即（不信任，不信任）。这种策略虽然达到了纳什均衡却没有达到帕累托最优，企业双方只考虑了短期利益，没有考虑到长期合作中也就是重复博弈的过程中收益的变化。在博弈双方只进行一次博弈时，显然知识需求方和知识服务方都会选择不信任的策略，使得双方都只能得到次优收益 B，原因是虽然博弈双方都清楚他们有可能经过采取相互合作的策略来得到 A 的收益，但假如博弈一方选择信任，博弈另一方出于收益最大化的原则采取不信任的策略，由此获得更高的收益 C 并使得另一方只获得最差收益 D，导致的结果就是博弈双方不能够实现帕累托改进式的合作。

表 6-1　知识供给方与知识需求方静态博弈

		知识服务方	
		信任	不信任
知识需求方	信任	（A，A）	（D，C）
	不信任	（C，D）	（B，B）

在纳什均衡中，参与人在选择自己的战略时，把其他参与人的战略当作给定的，不考虑自己的选择如何影响对手的战略。这个假设在静态博弈中是成立的，因为在静态博弈中，所有参与人同时行动，无暇做出反应。但是在项目过程中，

知识需求方有知识方面的需求，会先采取行动，知识服务方在知识需求方行动之后，会根据知识需求方的选择调整自己的选择，而知识需求方也自然地会理性地预期到这一点，所以不可能不考虑到自己的选择对其对手的选择的影响。如图 6-1 所示，如果知识需求方选择"信任"，知识供给方选择"信任"，其支付水平都是 A。

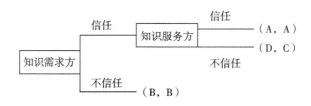

图 6-1 知识供给方与知识需求方动态博弈

在知识需求方与知识服务方的动态博弈中，当知识需求方首先明确："我首先信任你，希望你不辜负我的信任，只要你不滥用我的信任，我就继续信任你，如果你滥用我的信任，我绝不再信任你。"如果知识服务方听到知识需求方的话，并相信知识服务方，博弈重复进行的概率很高，那么"尊重—信任"的结果就会自发实现。

显然，知识需求方采取了承诺行动。承诺行动是当事人使自己的威胁战略变得可置信的行动。承诺行动会给当事人带来很大的好处，因为它会改变均衡结果。此时，知识需求方通过这种承诺行动使自己的"不信任"威胁变得可置信，知识服务方就不敢滥用知识需求方的信任。

由于在航空复杂产品项目知识服务网络中，有多个知识需求方、多个知识服务方，有些时候，同一个节点，又是知识服务方又是知识需求方。因此当涉及两方博弈时，要明确自己所处的角色，找到自己对应的策略行动。

6.2.2 博弈分析

在航空复杂产品项目知识服务网络中，知识需求方 X 和知识服务方 Y 进行知识输出的过程，其实就是博弈的过程，他们的收益矩阵如表 6-2 所示：

表 6-2　收益矩阵

	信任	不信任
信任	$A+\beta T_{xy}$,　$A+\beta T_{xy}$	$D+\beta T_{xy}$,　C
不信任	C,　$D+\beta T_{xy}$	（B，B）

为了激励双方个体选择信任策略，给该个体 βT_{xy} 的激励。β 为调节因子，T_{xy} 为该个体的综合信任度，为确保个体最后都采用合作策略，从而让关系更为融洽，达到稳定状态，取 T>A>B>C，2A>C+D。

我们假设博弈的最初阶段有比例为 P 的参与人选择信任战略，那么比例为 1-P 的个体就会选择不信任战略，那么采取信任策略的收益为：

$$f_1 = P(A+\beta T_{xy})+(1-P)(D+\beta T_{xy}) \tag{6-1}$$

不信任策略的收益为：

$$f_2 = PC+(1-P)B \tag{6-2}$$

平均收益为：

$$f_{\Psi} = Pf_1+(1-P)f_2 \tag{6-3}$$

得：

$$f_{\Psi} = P\left[P(A+\beta T_{xy})+(1-P)(D+\beta T_{xy})\right]+(1-P)\left[PC+(1-P)B\right] \tag{6-4}$$

简化得：

$$(A-D-C+B)\ P^2+\ (D+C+\beta T_{xy}-2B)\ P+B \tag{6-5}$$

可见这是个二元一次方程，要使其有解，则必须满足：

$$\Delta = （D+T+\beta T_{xy}-2B）^2-4B （A-D-T+B） \geqslant 0 \tag{6-6}$$

即

$$T_{xy} \geqslant \frac{2\sqrt{B （A-D-T+B）}+2B-D-T}{\beta} \tag{6-7}$$

设 $\delta = \dfrac{2\sqrt{B （A-D-T+B）}+2B-D-T}{\beta}$，因此当 $1 \geqslant T_{xy} > \delta$ 时，个体之间构建信任模型，否则当 $0 \leqslant T_{xy} \leqslant \delta$ 时，个体之间不具备构建信任模型的条件，网络就会发出孤立该个体的信息，让其他个体远离这个自私的个体，从而达到惩罚该自私个体的目的。

6.2.3　研究启示

通过信任模型的构建与分析，得到如下启示：第一，在航天复杂产品项目知识服务网络中，信任是保证知识服务网络正常运行的"润滑剂"，有利于约束网络中成员企业的机会主义行为，而机会主义行为的减少又反过来促进了成员之间的彼此信任。因此，知识服务方和知识需求方在面对利益选择，进行双方博弈时，信任策略是首选。第二，信任能够营造坦诚而开放的交流氛围，每个成员在这种氛围的影响下更能开诚布公地表达意见，激发知识冲突。在知识冲突的过程中，信任又能起到缓解作用，将冲突正确归因，减少矛盾，避免冲突向破坏性方向发展。

6.3　关系治理模型——激励模型的构建

在航空复杂产品项目中，知识服务方与知识需求方之间是专业服务、知识协作与共享的流动。治理需求的不同决定了治理机制的不同。专业服务是显性服务交易行为，适合正式契约治理，通常采用业绩激励；而知识协作具有隐性特征，更适合关系治理，可考虑使用产权激励。

专业服务的事前投入与事后产出均可观测，交易行为易于描述，因此双方可通过签订正式契约对服务交易进行详细的规定，形成业绩激励。当服务报酬与服务业绩正相关时，为获得更高的服务报酬，知识服务方就会不断提高专业服务水平。由于结算支付的周期较短，业绩激励效果短期内就能显现。如果双方还进行知识协作，业绩激励模式下双方承担的风险与获得的收益将出现严重不对称。知识需求方完全占有合作剩余控制权和索取权，获得全部合作剩余价值；知识服务方事前承担知识协作风险，事后却无法获得知识协作创造的合作剩余价值。这将使理性的知识服务方只专注于专业服务，而不愿意进行知识协作。

基于知识协作的治理需求，双方应在产权上达成某种形式的妥协。知识服务方需要弱化知识产权，而知识需求方需要分享合作剩余产权。由此，产权结构由私有性产权向关系性产权转变，双方产权中包含着你中有我、我中有你的关系成分，从而使知识产权从传统的隔离机制转变为联结机制，分享的合作剩余产权则成为协调机制。最终双方转向相互依赖，在长期的互惠关系中共同进化。

因此，双方可通过关系契约形成产权激励。当知识协作报酬与知识共享水平正相关时，为获得更高的知识协作报酬，知识服务方就会不断提高知识共享水平。此时知识服务方只有不断共享知识，才能获得更多的合作剩余；知识需求方通过不断整合知识资源，在提升整体收益的同时自身获得的合作剩余也越多。于是，知识协作在相当程度上成为一种自发合作，双方只有遵守"游戏规则"才能共赢。

基于产权激励和业绩激励共同作用的思想，在多任务—委托代理模型框架下建立数学模型。

6.3.1 模型假设

假设知识服务方提供的专业服务为 a_1，知识共享为 a_2，且 a_1 和 a_2 相互独立。a_1 产生可观测的服务业绩 $W=a_1+\mu$，式中 $\mu \sim （0，\sigma^2）$ 为外界随机因素；在知识需求方的整合下 a_2 创造价值 $V=jka_2$，式中 $j \in （0，1）$ 为知识商的知识整合能力，$k \in （0，1）$ 为知识资本专用性，表示知识共享对服务供应链的价值。用 Q 表示 a_1 和 a_2 创造的总价值，则 $Q=a_1+jka_2+\mu$。

知识需求方同时提供专业服务契约 $s（w）$ 和知识协作契约 $r（v）$。$s（w）$ 是双方基于可观测业绩签订的正式契约，设 $s（w）=a+\beta w$，式中 a 为固定报酬，$\beta \in （0，1）$ 为报酬系数，反映业绩激励强度。知识需求方支付服务报酬后合作剩余为：

$$Q-s=（1-\beta）（a_1+\varepsilon）+jka_2-a \qquad (6-8)$$

$r（v）$ 是双方基于关系性产权签订的关系契约，设 $r（v）=\gamma（Q-s）$，式中 $\gamma \in （0，1）$ 为合作剩余分配比例，反映产权激励强度。最终，知识服务方的总收益为：

$$r+s=（\gamma+\beta-\gamma\beta）（a_1+\varepsilon）+\gamma jka_2+（1-\gamma）a \qquad (6-9)$$

由于 a_1 和 a_2 相互独立，知识服务方的成本为 $C（a_1，a）=1（c_1a_2+c_2a_2）$，式中 c_1 和 c_2 分别为成本系数。假设知识服务方的风险规避度为 θ，其效用函数可表示为：

$$U = -e^{-\theta\left[(\gamma+\beta-\gamma\beta)(a_1+\varepsilon)+\gamma jka_2+(1-\gamma)\alpha-C(a_1,a_2)\right]} \qquad (6-10)$$

设 λ 为其确定性等价收入，有：

$$-e^{-\theta\lambda} = EU \qquad (6-11)$$

可得：

$$\lambda = (\lambda+\beta-\gamma\beta)a_1+\gamma jka_2+(1-\gamma)\alpha-\theta(\gamma+\beta-\gamma\beta)^2\sigma^2-\frac{1}{2}c_1a_1-\frac{1}{2}c_2a_2^2 \quad (6-12)$$

其目标是通过选择 a_1、a_2 最大化确定性等价收入。

设 ω 为知识需求方的收益，则 $\omega = Q-s-\gamma(Q-s) = (1-\gamma)(Q-s)$。假设知识需求方为风险中性，其确定性等价收入为：

$$E\omega = (1-\gamma)\left[(1-\beta)a_1+jka_2-\alpha\right] \qquad (6-13)$$

其目标是在满足知识服务方参与约束与激励相容约束的条件下，通过选择 α、β、γ 最大化确定性等价收入。

综上所述，业绩激励与产权激励共同作用下的委托代理模型为：

$$\max(1-\gamma)\left[(1-\beta)a_1+jka_2-\alpha\right] \qquad (6-14)$$

$$\text{s.t. (IC)}\,(\gamma+\beta-\gamma\beta)a_1+\gamma ka_2+(1-\gamma)a-\frac{1}{2}\theta(\gamma+\beta-\gamma\beta)^2\sigma^2-\frac{1}{2}c_1a_1^2-\frac{1}{2}c_2a_2^2\geqslant\rho$$

$$(6-15)$$

$$\text{(IR)}\,\frac{\partial}{\partial a}\left[(\gamma+\beta-\gamma\beta)a_1+\gamma jka_2+(1-\gamma)\alpha-\frac{1}{2}\theta(\gamma+\beta-\gamma\beta)_2\sigma^2-\frac{1}{2}c_1a_1^2-\frac{1}{2}c_2a_2^2\right]=0$$

$$(6-16)$$

其中，式（6-15）为知识服务方的参与约束，ρ 为保留收入；式（6-16）为激励相容约束，$a = (a_1, a_2)$ 为行动向量。

6.3.2 模型分析

由式（6-16）得：

$$a_1 = \frac{\gamma+\beta-\gamma\beta}{b_1}; \quad a_2 = \frac{\gamma jk}{b_2} \qquad (6-17)$$

将式（6-15）取等号代入式（6-14）得：

$$\max_{\beta,\gamma}\beta=\left[a_1+jka_2-\frac{1}{2}b_1a_1^2-\frac{1}{2}b_2a_2^2-\frac{1}{2}\theta\left(\gamma+\beta-\gamma\beta\right)^2\sigma^2-\lambda\right] \qquad (6-18)$$

将式（6-17）代入式（6-18）得：

$$\max_{\beta,\gamma}\left[\frac{\gamma+\beta-\gamma\beta}{c_1}+jk\frac{\gamma jk}{c_2}-\frac{1}{2}c_2\left(\frac{\gamma jk}{c_2}\right)^2-\frac{1}{2}c_1\left(\frac{\gamma+\beta-\gamma\beta}{c_1}\right)^2-\frac{1}{2}\theta\left(\gamma+\beta-\gamma\beta\right)^2\sigma^2-\lambda\right]$$

$$(6-19)$$

基于业绩激励的一阶最优条件 $\frac{\partial E\omega}{\partial\beta}=0$，得：

$$\beta=\frac{1-\gamma-\gamma c_1\theta\sigma^2}{\left(1-\gamma\right)\left(1+c_1\right)\theta\sigma^2} \qquad (6-20)$$

基于产权激励的一阶最优条件 $\frac{\partial E\omega}{\partial\gamma}=0$ 及式（6-13），得：

$$\gamma=1 \qquad (6-21)$$

分析可得：

命题：在知识协作背景下，航空复杂产品项目知识服务网络内，知识需求方和知识服务方双边关系治理应采用业绩与产权的组合激励机制，两种机制在一定范围内存在替代关系，产权激励越大，双边战略合作伙伴关系越紧密。

证明：式（6-17）有 $\frac{\partial a_1}{\partial\beta}>0$，说明 β 越大，a_1 越高；$\frac{\partial a_1}{\partial\gamma}>0$ 且 $\frac{\partial a_2}{\partial\gamma}>0$，说明 γ 越大，a_1 与 a_2 都越高，这是因为产权激励越大，知识服务方的合作剩余分配就越多，而高水平的专业服务和知识共享能够创造更多合作剩余。式（6-20）有 $\frac{\partial\beta}{\partial\gamma}<0$，说明随着 γ 的增强，β 会减弱，两者存在替代关系，但不是完全的替代关系。

首先，产权激励不能完全替代业绩激励。从 $a_1=\frac{\gamma+\beta-\gamma\beta}{c_1}$ 来看，两种机制对专业服务的激励效果似乎相同，这是由于模型考虑的是单期博弈，对于当期可以兑现的产权收益，两者的外在报酬效果相同。但产权激励还能满足知识服务方的内在权力需要，其内在激励效果不同。如果以短期和长期划分合作区间，短期内产权激励无法带来实质利益，业绩激励起主导作用；长期内产权激励带来实质利益,产权激励起主导作用。因此,产权激励侧重于长期激励,业绩激励侧重于短期激励,产权激励不能完全替代业绩激励,这在式(6-20)中也有所体现:为使等式有意义(分母不为0),$\gamma \neq 1$、$\beta \neq 0$。其次,业绩激励不能完全替代产权激励。随着β增强、γ减弱,a_2会减少,直至γ减少为0,知识服务方将完全丧失知识共享动力。由式(6-17)可知,$\frac{\partial a_2}{\partial k} = \frac{\gamma j}{c_1} \geq 0$,表明$a_2$与$j$正相关,这是因为知识资本专用性越提高,双方知识资本的互补性就越强,知识共享的价值就越大,从而提升知识服务方参与知识协作的积极性和议价能力。但是这受产权激励的约束,即激励强度越大,关系性产权越明显,双边合作关系就越紧密,知识资本专用性对知识共享的作用效果也就越大。在缺少产权激励的情况下,这种作用效果消失,即$\frac{\partial a_2}{\partial k} = 0$,即使知识服务方的知识资本专用性很高,知识协作困境依然存在。因此,产权激励不可缺少,即$\gamma \neq 0$、$\beta \neq 1$。

推论:在航空复杂产品项目知识服务网络中,知识协作与服务交易并存,且知识协作越来越重要。知识需求方与知识服务方就产权激励与业绩激励的均衡组合进行博弈,匹配比例最终取决于知识服务方的知识资本投入和双方的议价能力。

证明:由式(6-21)可知,当知识服务方拥有全部合作剩余时总效率最优,意味着知识服务方拥有其知识资本的全部产权收益能使效率最大化。此时不存在业绩激励,均衡组合为(γ,β)=(1,0),知识服务方成为事实上的所有者。可以看出,知识服务方总是追求尽可能大的产权激励。但是在航空复杂产品项目知识服务网络中,知识协作与业务分工并存,合作剩余是由知识资本和非知识资本共同创造的,而且由$v = jka_2$可知,知识需求方的知识整合在知识协作中必不可少,所以现实中不会出现知识服务方获得全部合作剩余的极端现象。另外,知识服务方的知识资本投入难以度量,其拥有全部合作剩余只能是一种理想状态,也正因为度量上的困难导致双方需要对合作剩余分配的议价,从而使总效率趋于理想状态的效率。

从知识需求方利益最大化的角度看。当β增加时,a_1增加,ω相应增加,但γ减弱使a_2降低,v相应减少,从而长期内减少知识需求方的利益;当γ增加时，a_2 增加，但 β 减弱使 a_1 降低，从而短期内减少知识需求方的利益。所以，为最大化自身利益，知识需求方会权衡两种机制的组合比例。

6.3.3 研究启示

通过构建激励模型的分析研究，得到以下几点启示：第一，在知识协作背景下，航空复杂产品项目知识服务网络关系治理需要引入产权和业绩的组合激励机制，这种制度安排能够促进合作双方进行更深层次的合作，实现长期双赢局面。第二，鼓励知识服务方和知识需求方进行更加开放的信息交流，增加知识协作的强度。例如，知识服务双方通过提供相关信息、服务，可大大减少信息不对称，增强自身在合作剩余分配中的谈判能力，从而改善双边知识协作关系。

但是，此处构建的激励模型也存在一定的局限：一是采用单期博弈模型，对长期产权激励研究不足，未来研究可考虑更加符合实际的多期博弈模型；二是假设"知识协作"和"专业服务"相互独立并不完全符合现实，后续研究可考虑改进成本函数以期得到更为科学的结论。

第7章 航空复杂产品项目知识服务网络的结构治理

7.1 问题的提出

航空复杂产品项目知识服务网络的结构治理是指为实现资源的有效配置以及促进知识服务网络的有效运行，项目中各主体对整个项目知识服务网络中的结构进行监督、激励、控制和协调的整个过程安排。在航空复杂产品项目知识服务网络中，由航空复杂产品设计开发商、制造商、供应商、销售商、客户、情报咨询机构、科研院所等机构及其知识型员工组成了主要节点。在这些节点之间，并不都是发生直接联系，从整个网络整体来看，网络结构中好像出现了"洞穴"。因此，在项目中需要结合结构洞理论，建立一个有效率的、全联通的知识服务网络，通过打通主信息源实现与其他信息的有效沟通，而结构洞则正是建构有效率的网络结构的核心概念。在建立全联通的知识服务网络结构后，针对各知识服务网络模块，实现对各网络模块的结构优化，实现全联通知识服务网络的有效运行。以下主要是按照总—分—总的逻辑顺序，实现对航空复杂产品项目知识服务网络的结构治理。

7.2 基于结构洞的知识服务网络结构治理

7.2.1 结构洞

（1）结构洞的定义。

结构洞理论是由社会学家罗纳德·伯特1992年在《结构洞：竞争的社会结构》一书中提出的。他将结构洞定义为"非冗余联系之间的分割"。结构洞，即网络中的某个或某些个体和有些个体发生直接联系，但与其他个体不发生直接联系或关系间断的现象。在知识服务网络中两个节点之间如果有连线，则表示它们之间存在路径，如图7-1（b）所示。但是如果在网络中，AB之间有路径，AC之间有路径，而BC之间没有路径的话，则BC是一个结构洞，如图7-1所示。

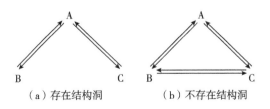

（a）存在结构洞　　　　　（b）不存在结构洞

图7-1　有无结构洞示意图

如图7-2所示，用四个行动者V、X、Y、Z所形成的V的个人人际网络来说明结构洞。图7-2（a）中V具有三个结构洞XY、XZ、YZ，因为X、Y、Z三者之间没有联系，只有行动者V同时与这三者有联系。相对于其他三个人，行动者V明显具有竞争优势，他处于中心位置，最有可能接近网络中的所有资源，另外三个行动者则必须通过他才能与对方发生联系。行动者V通过占据三个没有联系的行动者之间的中心位置而获利。而图7-2（b）则是一个封闭的网络，网络中每个个体所获得的信息基本上是对等的、重复的，故不存在结构洞。

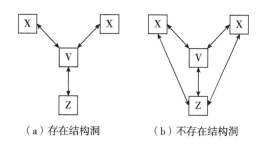

（a）存在结构洞 　　　　（b）不存在结构洞

图 7-2　中介组织所占据的结构

事实上，结构洞是个人人际网络中普遍存在的现象。在这样的网络中，占据中心位置的个体可以获得更多、更新的非重复信息，并且具有保持信息和控制信息两大优势。在一个密集的网络中，每一个人都知道其他人知道的信息，所以都将在同一时刻发现同样的机会。而一个稀疏的网络含有大量的结构洞，可以提供大量的信息和更多样化信息（因为非冗余联系帮助保证行为主体接近不同的信息洼地）。所以，一个稀疏的网络比密集的网络能够提供更多的信息利益。

罗纳德·伯特依据结构洞理论对市场经济中的竞争行为提出了新的解释。他认为，竞争优势不仅是资源优势，更重要的是关系优势，即具有结构洞多的竞争者，其关系优势就大，获得较大利益回报的机会就多。任何个人或组织，要想在竞争中获得、保持和发展优势，就必须与相互无联系的个人和团体建立广泛的联系，以获得信息和控制优势。罗纳德·伯特认为社会网络是一种社会资本，网络关系是一种投资，需要建立一个有效率的网络，通过打通主信息源实现与其他信息的有效沟通，而结构洞则正是建构有效率的网络结构的核心概念。众所周知，在某种情况下，网络中的一些主体由于某种原因不能发生直接联系或发生直接联系需要花费很大的成本。为了提高整体的网络效率，需要在他们之间建立结构洞，由此项目产生的结构洞占据者的作用就是充当桥梁来促进整个创新网络的信息项目和资源的流动，而不是仅仅为了结构洞占据者的某种优势。

（2）结构洞的分类。

一些利益相关者为了实现自己的利益，在网络中没有发生直接联系的利益相关者中建立结构洞，使自己处于结构洞的中心位置，成为结构洞占据者，连接其他两者、处于两者信息传递网络中间，形成了信息优势和控制优势，并且极力地控制着另外两者之间的信息传递，不让其轻易地联系起来，此类结构洞的结构洞占据者完全是为了自己的利益，这类结构洞被称为自益性结构洞。相对地，另外的利益相关者为了促进网络中的一些不可能发生直接联系（由于联系成本等原因）的利益相关者之间进行有效的信息资源流动而在他们之间建立的结构洞，这种结构洞中的结构洞占据者是为了促进所有处于结构洞中的利益相关者之间更加有效的交流从而促进整个网络的运行效率。因为位于结构洞两侧的利益相关者不能进行直接联系（如果能进行直接联系就没必要建立结构洞），所以这种结构洞可以说是不得不采取的一种信息资源流动方式，这类结构洞被称为共益性结构洞。

1）自益性结构洞。

现实中创新网络中的利益相关者是大量的，也是多种多样的。显然，就像社会人际关系中并不是每个人之间都有联系一样，创新网络中的利益相关者也不是两两都存在联系。这样，创新网络中的某些利益相关者如果能和没有联系的两个或多个其他利益相关者分别建立联系并从中获得信息优势或控制优势，这个利益相关者就会在创新网络中努力寻找这样的位置来建立结构洞。这些利益相关者是以积极主动的态度通过网络重构建立结构洞，从而使其在建立的结构洞中占据着中心位置，利用结构洞两侧主体之间的信息或资源的不对称来操纵一些行为，从而获得信息优势和控制优势，以较小成本获取来自各方的非重复性信息，通过有选择地影响信息流动的内容和方向来实现自身的目的。

如图7-3（a）所示，结构洞占据者（A）虽然也把结构洞两侧主体（B和C）联系了起来，为他们带来新的信息，并使资源通过这种新联结得到流动，但它是有选择地影响信息流动的内容和方向（如图7-3（a）中的单向箭头）来实现自身的目的，在这种结构洞中，主要的受益者是结构洞占据者。既然建立结构洞从而成为结构洞占据者可以带来信息优势和控制优势，实现自己的目的，那么这种结构洞最常出现的位置就是以竞争关系为主导的创新网络利益相关者之间。

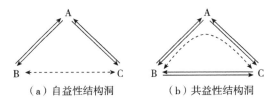

（a）自益性结构洞　　　　（b）共益性结构洞

图7-3　自益性结构洞和共益性结构洞

2）共益性结构洞。

知识服务网络中一部分利益相关者期望或被期望发生联系或发生联系后可以产生更大的好处，但是由于联系成本等原因不能发生直接联系的主体。这种现象在企业的部门间最为常见。在此，本书假定处于一家企业中的主体的最终利益是一致的：使整个企业有效地运作，更好地发展。例如，企业的设计部门和生产部门之间，简单点说，设计部门想的是设计出优秀的、顾客喜欢的产品，而生产部门想的是怎样迅速有效地把产品生产出来。这样一来，设计部门设计出来的产品到生产部门时有可能发现很不好生产，设计部门和生产部门就会产生冲突。但是这家企业出于人力资源和经济成本的考虑，也不可能使设计部门和生产部门的人员经常在一起交流。这些利益相关者如果能进行信息等的交流，那么创新网络就会更加有效。但是由于某些原因，它们是不能发生直接联系的。于是，关注整个创新网络的发展的某些利益相关者就不得不在这样的利益相关者之间建立结构洞来促进信息和资源的有效的流动。

如图7-3（b）所示，结构洞的拥有者（A）其实是充当了桥梁的作用（A所实现的效果就好像B和C可以通过图中点划线联系一样），它实现了结构洞两侧主体（B和C）的联系，减少了结构洞两侧主体的信息或资源的不对称，同时结构洞拥有者也获得信息资源等，从而使整个创新网络更好地运作。这样，这种结构洞就会使所有处于结构洞中的所有主体共同受益。这种结构洞多形成于具有共同利益、合作关系的知识服务网络利益相关者之间，如企业内部的利益相关者。

（3）结构洞的意义。

Burt（2009）认为结构洞作为非冗余关系之间的连接，这就是以某种方式不能连接的行动者之间的关系。结构洞并不意味着人们缺乏与其他人的联系，而是说他们集中在自己的行为上，这种行为使他们没有时间注意其他人的行为。因此，一个主要的行动者获得了额外的优势是他与一些行动者有直接和间接关系，而与其他行动者没有直接或间接关系——除了通过自我。管理这些关系的人使结构洞尽量扩大以沟通提高信息传递的效率并带来更多的控制利益。

1）信息的传递。

在一个密集的网络中，企业与企业之间联系紧密，每一个人都熟悉其他人知道的信息，所以在同一时刻发现同样机会的概率很高。而一个稀疏的网络含有大量的结构洞，可以提供大量的信息和多样化的信息。表面上看，网络被结构洞分隔，内部的信息与资源难以交流和沟通，但正是因为关系稀疏"地带"或结构洞的存在，反倒为一些人将关系稠密"地带"联系起来提供了机会，使原来不相往来的"地带"因此变得活跃起来。通过结构洞，网络一方可以间接获取另一方所拥有的资源。这些资源包括机会、声望或荣誉。从这个层面上说，结构洞起到了传递社会资本的作用。通过非正式网络进行的社会资本传递所耗费的成本与传统方式相比可以说是微乎其微。由于通过结构洞连接的网络往往处于弱联系，不同网络拥有的社会资本是不同的，当传递发生后，社会资本的存量也随之增加，所以，一个稀疏的网络比密集的网络提供了更多的信息利益。信息传递是结构洞效用表现的最低层次。信息传递带来的利益包括：①能够获得有价值的信息，并且知道有谁可以使用它；②时效性，指可以及早地获得有用的信息；③举荐，指在适当的时间和地点，如在征聘中由于被人提及而获得机会。通过网络，隐性知识在企业之间很容易通过企业成员的相互联系流动。

2）带来控制利益。

结构洞产生的控制利益，是指结构洞会使网络中心者采取第三者得益策略，即利用中心者的信息优势将中心者自己变成第三者，利用第三者的身份得益。这种得益可以分为两种类型：一种类型是第三者利用他可以在其他行动者之间进行选择的条件来得到好处。例如，第三者面对两个买家，这两个买家之间没有联系，这时第三者就可以利用一个买家的报价去向另一个买家索要高价。另一种类型是可以在同时发生的、相互冲突的需求之间进行选择。例如，一个买家同时想购买多种产品，这时，第三者可以帮助他进行选择。当然，这种相互冲突的需求可能并不真正存在，仅仅是第三者为了自身的利益创造出的需求。

对于结构洞带来的这两种利益，居于网络中心的行动者一般是信息利益的被动享用者，而控制利益却需要行动者积极主动。此时，动力就成了关键问题。没有积极性，不主动利用结构空洞带来的利益，控制利益便只能是潜在的，无法变成实际的利益。

企业的结构洞的数量也是不断变化的，新兴企业的结构洞是最多的。这一时期集群的社会服务体系起着很重要的作用，它能够促进且与企业的联系与沟通。随着与其他企业的联系与沟通，一些结构洞消失，又另外产生一些新的结构洞。但是到了一定的时间，所有的连接关系都趋于稳定，结构洞的数量也基本稳定，往后也只会慢慢减少而不会有新的结构洞。在这种情况下，可以通过扩大集群的规模、促进集群间的联合合作以使结构洞具有跨集群的内涵从而达到目的。

7.2.2 知识服务网络中的结构洞分析

项目中知识的基本载体互相联结，形成项目内部的知识服务网络；与项目外部的知识载体进行物质和信息交换，形成项目外部知识服务网络。项目的内外部知识服务网络影响了项目的社会资本存量和创新的效率。从社会资本的网络结构角度来看，结构洞和网络闭合性分别是不同背景下社会资本的来源。根据项目知识服务网络的闭合性，知识服务网络的结构可划分为四种类型：①类型 A：项目内部知识服务网络闭合性低，外部知识服务网络闭合性高；②类型 B：内部知识服务网络闭合性高，外部知识服务网络闭合性高；③类型 C：内部知识服务网络闭合性高，外部知识服务网络闭合性低；④类型 D：内部知识服务网络闭合性低，外部知识服务网络闭合性低。

如图 7-4 所示，类型 A 项目内部联系松散，外部联系异质性低。内部知识载体之间联系少就会存在大量的结构洞，项目内部成员之间的交流和头脑碰撞相对缺乏，降低了创新流程的效率。但是其外部其他知识载体的联系很密切，其获得的外部信息也会比较一致，很难获得异质性知识和产生创新的来源。类型 B 项目内部联系比较紧密，外部联系异质性低。内部成员之间频繁的沟通让内部知识能够更加成熟，一旦有新的思想来源，能高效率地吸收有利资源，剔出无用资源。类型 C 项目内部联系紧密，外部联系异质性高。外部联系的异质性决定了其可以获得不同的新鲜的多种信息，能够获取更多的创新来源。获取新的信息后通过内部紧密的合作和沟通合作，大大提高了创新的质量和产量。类型 D 项目内部联系松散，外部联系异质性高。这一类型的项目虽然能够获取大量的异质性信息，但是在信息的处理上相对缺乏，很难转化为创新成果。

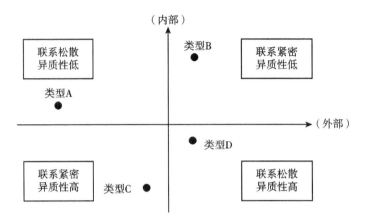

图 7-4　知识服务网络结构分类

根据以上分析，项目内部知识服务网络的闭合性保证了知识载体之间的紧密联系和顺畅沟通，有利于提高知识处理和创造的效率；项目外部知识服务网络的开放性则扩大了项目从外部搜索新鲜知识的范围，保证了知识载体的异质性，有助于培育可持续的知识创造能力。

7.2.3　研究启示

20 世纪 90 年代以来，随着信息化与全球化，知识服务网络创新已不再是单个企业的独立活动，而是一个由各利益相关者组成的知识服务创新网络的共同活动。航空复杂产品项目知识服务网络中的利益相关者是那些对项目投入专用性资产并承担风险，进而影响项目目标实现的个人和团体，用户、供应商、大学、科研院所、政府甚至竞争对手都有可能成为知识服务网络的重要成员。知识服务网络中的各利益相关者由于所处权力和地位的不同，在寻求各自利益时自然会产生矛盾和冲突。这种矛盾和冲突既可能是竞争性的，也可能是合作性的。

总的来说，航空复杂产品项目知识服务网络中的利益相关者之间的关系不外于两种性质的关系：竞争性的关系和合作性的关系。在此，把知识服务网络中的利益相关者之间的以竞争为主的关系称为竞争主导关系，把以合作为主的关系称为合作主导关系。特定的利益相关者之间的关系也许并不是单一的，可能他们之间的一个关系是竞争主导关系，另一个关系是合作主导关系。

（1）竞争主导关系：自益性结构洞。

在项目中，企业在处理与企业存在竞争主导关系的利益相关者时，考虑的是如何从他们那里获得资源来发展自己，并尽可能阻止那些利益相关者之间的关系来往，从而使他们之间的资源不对称，从中获得控制优势。根据自益性结构洞的思想，企业在发展网络时，要在与企业存在竞争主导关系的利益相关者中找出那些彼此间没有联系或有很少联系的利益相关者，那些利益相关者拥有异质性的资源。企业在那些利益相关者中建立结构洞，使自己处于结构洞占据者的位置，从而可以从不同的利益相关者处得到异质性的资源，在某种程度上使其他的结构洞主体处于孤立状态，自己操纵一些资源，并使其向有利于自己的方向流动。企业要尽可能多地建立自益性结构洞，形成丰富的异质资源获取渠道。获取的资源越多，企业在网络中的地位就越重要，企业的网络创新能力就越强。

（2）合作主导关系：共益性结构洞。

在项目中，企业在处理与企业存在合作主导关系的利益相关者时，注重的是引导资源在利益相关者之间的有效流动，使各个利益相关者都能获得相关的资源，减少合作主导关系的利益相关者之间的信息或资源的不对称，使其在知识服务网络中充分合作。根据共益性结构洞的思想，企业要在网络中确认那些与企业存在合作主导关系的利益相关者，并且他们之间不能进行直接联系，或进行直接联系要付出很大的成本。这些合作主导关系的利益相关者之间存在直接联系的障碍，必然影响资源的有效流动，不利于企业的网络创新。企业要在这些利益相关者之间建立共益性结构洞，作为结构洞占据者的企业起到一个桥梁的作用，使原来不发生联系的利益相关者之间建立了联系。结构洞占据者形成了这些利益相关者资源流动的新联结，使网络结构更有利于网络创新。

总的来说，各项目主体就不断识别知识服务网络中的利益相关者之间的关系类型。各项目主体要根据不同的关系类型，利用结构洞分类理论在知识服务网络中的利益相关者之间建立相应的结构洞，不断地对航空复杂产品项目知识服务网络进行重构，提高知识服务网络的创新能力。

7.3 基于网络结构优化的知识服务网络结构治理

7.3.1 知识服务网络结构的分类

项目的本质特征就是项目中行为主体之间资源交换与整合以及资源促进主体提升创新能力、主客体彼此作用，从而构成项目复杂关系结构网络的过程。根据不同的研究视角和研究目的，对知识服务网络结构有多种划分方法。从探讨项目知识服务网络的过程出发，本书将网络结构划分为知识分工网络、知识加工网络、社会网络和空间网络四种类型。

（1）知识分工网络。

高效率的模式需要精细的分工来实现，无论是企业的发展还是项目的发展，只有实现了合理化的分工，在分工中学习并获取经验，才能适应当前经济形势。航空复杂产品项目知识服务网络的分工网络可分为垂直网络和水平网络。垂直网络联系是一个个独立的分工企业的串联从而形成一条健康的产业链。该产业链的垂直体系显示出整个项目的知识资源配置情况。企业垂直分支的多少代表着项目中主体上下游的知识资源获取渠道及知识产品销售渠道多寡。水平网络联系是该项目各个不同主体在竞争与合作中寻求的平衡。各项目主体均在该层结构中逐渐学习并积累经验，各主体之间也通过这些经验进行学习和交流形成学习效应提高彼此的效率。水平网络和垂直网络联系共同形成一个健康的知识分工网络结构。

（2）知识加工网络。

从某种角度上，项目中知识服务网络的发展是对于知识不同方式应用的过程，是对知识资源进行不同配置利用的动态发展过程。知识供给企业不仅要注重知识产品间组合，也应该注重知识的整合、加工。当知识需求方大量需求知识服务，知识供给方除了提供自身经营中所产生的、经过简单加工处理过的知识，还可以提供按照知识需求方的要求进行知识整理、发现、编码、转化、创新等加工活动的二次知识。有效的知识运用要求产品组合和知识组合的契合，知识和产品间的完全契合并非要求知识完全应用于产品，产品所要求的知识也不一定完全由企业内部提供。

（3）社会网络。

社会网络又称社会关系网络，是一种重要的社会资本。任何一个社会都是经济、政治、社会文化等要素相互依赖、相互影响的有机系统，各要素之间存在着复杂的共生关系、协同关系。这些关系渗透于经济社会发展的各个环节与层面。有的关系是以某个单位为主体，有的关系则存在于某一特性区域，还有一些关系扎根于人们的一些日常行为规则中，这种关系就是一种根植于民间的网络资源。对项目而言，项目主体间存在企业交流网络，企业内部员工之间又会存在员工交流网络，如此错综复杂的网络总和便是项目的社会网络。每个项目成员都是一个网络节点，他们通过社会网络关系，获得彼此所需要的资源，这对其个体、社会团体、项目整体目标的实现至关重要。

（4）空间网络。

空间网络是指项目组中各组织成员在区域内的空间地理分布以及项目内各种信息、资金、人才流动渠道的集合，它是航空复杂产品项目进行一切活动的物质基础。合理的空间安排不仅体现在城市建设规划等方面，项目内的空间网络结构也将直接影响整个项目完成的效率和创新能力的提升。良好的空间网络让项目组成员感到舒适和便利，使他们工作富有激情和创造力，能够提升人才的创新能力，从而达到提升项目整体创新能力的目的。

7.3.2　网络结构与项目知识服务网络创新的关系

知识服务网络内的知识流动会降低网络的知识差异度，当网络的知识创新率低下时将会导致网络内知识的严重同化，这是网络中一种较为常见的风险，会对网络可造成严重的打击。鉴于此，项目各主体要不断对网络中的知识进行创新活动，保持并激发知识服务网络活力。

网络是一个描述性的概念，要分析项目的知识服务网络创新问题，就必须从项目的知识服务网络结构出发。在项目的知识服务网络中，各组织成员在项目过程中的创新方向可根据其在网络中的地位和职能得到很好的指引，知识服务网络引导了成员行为，反过来，成员行为集体性地影响了知识服务网络的演化发展。按照这样的分析逻辑，本书的研究框架实际上就是知识服务网络化—网络结构最优化—知识服务网络创新化。区域创新的成效并非完全取决于区域资源投入总量，它还与区域内各创新主体之间的资源配置、资源共享方式和各主体之间合作方法有关。健康高效的合作形式远胜于个体创新绩效，而这里的合作模式正是本书讨论的网络结构创新优化。

根据李志刚等（2007）的研究，网络结构与集群创新之间的关系如图 7-5 所示，网络规模、网络强度、网络密度、网络稳定性、成员居间性、成员祸合性、资源丰富程度七个网络结构特征变量都与创新绩效之间存在着显著的正相关关系。在微观层面上，成员居间性和成员祸合性解释了项目创新绩效与单个成员之间的关系；在宏观层面上，网络规模、网络强度、网络密度、网络稳定性和资源丰富程度则对项目创新绩效与整个项目状态的关系做出了解释。

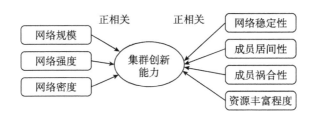

图 7-5　网络结构与集群创新的关系

7.3.3　研究启示

（1）分工网络优化。

分工网络促使项目内各主体形成规模效应和范围效应，有利于提高项目知识服务网络的整体运转效率。专业化分工使项目内各主体的知识流动集中于其所擅长的核心活动上，从而形成项目内企业的核心能力。合理的分工应该同时兼顾垂直网络分工和水平网络分工。水平网络分工是指围绕着同一知识产品的同一生产阶段进行攻坚克难和相互竞争；垂直网络分工则是指不同知识产品流程和生产阶段中不同知识供给企业进行分工与合作。两者的区别在于，前者侧重于在竞争中合作，后者则侧重于在合作中竞争。不同的商品代表着不同的技术，不同的商品也意味着对应的技术、生产方案、销售手段均会有所不同，由此也就产生了企业间的分工网络。由于不同的分工网络，各种新型知识交易想法也会随之激发项目成员，会根据其所从事专业化生产的特点和需要，有针对地调节知识交易方式，不断完善和规范知识交易规则，改进知识交易手段，提高知识交易效率，最终达到网络创新能力提升的效果。

（2）知识加工网络优化。

知识供给方可以提供自身生产经营过程中所产生的、经过简单加工处理的知识，而知识加工方则在原始知识的基础上，按照知识需求方的要求进行整理、发现、编码、转化、创新等加工活动，生产出价值含量高、方便知识需求方利用的二次知识。

知识加工网络优化主要在知识获取、加工人员和加工工具三个方面。首先，在知识获取方面，在知识转移过程中，网络成员间的紧密联结有利于知识的大量获取、快速沟通和有效应用，同样的知识通过用于不同目的而实现其范围经济，达到改善个人和组织绩效的目的。通过网络的紧密连接，提高知识加工网络的闭合性，快速获取原始知识，为知识加工奠定基础。其次，在加工人员方面，具备专业技术的人员，在知识加工效率和质量上取胜。最后，在加工工具的使用方面，工具的相互联结形成了组织使用的技术网络，包含着如何配合使用各种工具和技术的知识。在熟悉加工工具使用的基础上，合理配置加工工具，达到工具与任务的完美衔接。

（3）社会网络优化。

社会网络与企业资源获取、企业成长紧密相关。企业成长需要资源，而企业之间或企业与个人之间是资源依赖的，它与网络中其他行为者之间通过各种特征的关系进行联结，不同形式的资源则通过这些联结在网络中的组织与个体之间流动，这种联结就如同"婴儿的脐带"，为组织与个体的发展提供"养分"。换句话说，资源获取的渠道来自一个社会网络，社会网络提供了分析企业成长及其资源获取的重要思路。

作为项目中的一员，任何企业都不能脱离项目而生存。航空复杂产品项目成员企业必须在相应的社会环境下进行有效率的知识创新活动。首先，企业间的社会网络应当注意自身所处的环境，依据环境来寻找突破口。上游企业可以在原有的生产配方上进行创新研究，寻求更多的上游厂商和更多的资源入口，以使企业在项目中更加灵活，以及在未来的企业发展上做好更多铺垫。其次，下游企业可以进行分销渠道上的创新，增加销售途径和销售手段，促进资金流运转，减短产品库存周期，提高企业利润。最后，在社会网络中，企业与政府和群众的关系尤为重要。要想让创新能力更好更快地提升，项目就不能缺少政府和群众的大力支持。政府可以为项目提供大量资金来源、先进的技术设备、专业的技术人员以及前沿的创新理念，群众则会为集群提供优质的劳动力市场和集群产品的销售市场。

因此，在社会网络中，企业应当树立积极的社会形象，以便吸收更多的创新理念和创新人才，以达到提升创新能力的目的。项目主体也应该要求项目内所有的组织成员都尽职尽责，以积极创新、服务社会为最终理念去发展和完善企业。

（4）空间网络优化。

在航空复杂产品项目知识服务网络中，网络联系的主要内容是各个行为主体之间的信息流动、资金流动、人才流动、产品流动，而无论是哪一种流动都不能脱离空间环境这一实体网络。项目的空间网络结构是项目内各个网络的基础，合理的空间网络结构可以为项目企业内的员工提供优质的生活环境和工作环境，可以为企业之间的合作提供好的沟通渠道，以及为知识网络中的企业提供便捷高效的交流手段。一方面，科学的空间网络既要达到企业效率的要求又要满足员工生活的需求，既要满足高速发展的要求又要符合绿色科技的发展理念。另一方面，在空间网络中，应该秉承几个理念：工厂向郊区发展避免对居住环境造成影响；一条完整产业链的交通运输应尽量做到畅通便捷；项目内部设施完善，包括生产设施、研究设施、学习机构、生活服务类等设施。

项目的发展终将走向规模化和网络化。项目的形成和发展是各种不同的网络模块共同作用的结果。分工网络是项目内部安定和谐的秩序要求；社会网络是项目发展的友好关系前提；知识加工网络是项目内知识创新的主导力量；空间网络是项目赖以生存的基础。四大网络结构的优化终将影响项目内部结构，从而提升项目整体的创新能力。

7.4 本章小结

第 7.2 节阐述了结构洞的定义分类，并分析了知识服务网络中的结构洞。总结来说，航空复杂产品项目知识服务网络中的利益相关者之间的关系主要有两种：竞争性的关系和合作性的关系。特定的利益相关者之间的关系也许并不是单一的，可能他们之间的一个关系是竞争主导关系，另一个关系是合作主导关系。因此，在项目实际发展过程中，要界定好双方关系，针对性地采取下一步战略。

第 7.3 节分析了知识服务网络结构的分类：在知识分工网络中，航空复杂产品项目知识服务网络分为垂直网络和水平网络；在知识加工网络中，主要分析了根据知识需求方的个性化需求完善知识获取、加工人员及加工工具的服务；在社会网络中，项目主体间通过社会网络关系获取彼此所需要的资源；在空间网络中，主要是为航空复杂产品项目进行的一切活动提供物质基础。还分析了网络结构与项目知识服务网络创新的关系，要求项目各主体要不断地对网络中的知识进行创新活动，保持并激发知识服务网络活力。

第8章　航空复杂产品项目知识服务网络的合同治理

8.1　合同治理

8.1.1　合同治理的必要性

当前，合同已经成为企业之间进行业务合作的一种不可或缺形式，即使是拥有长期合作关系的企业，依然会在正式合作之前签订一份正式的合同以保障双方的利益。在一些情况下，没有根据不同项目的特点制定合同，致使出现法律上的漏洞，一些企业趁机钻空损害对方利益。为了有效抵制投机机会主义，保障航空复杂产品项目顺利完成，因而需要制定详细的合同条款，明确合同条款的内容。

在实际的贸易活动中，合同双方由于诸多影响因素导致签订的合同总是不能在各方面都处理得当。在整个航空复杂产品项目执行过程中，常常会发生很多意外事件，而且大部分航空复杂产品项目合作周期较长，研发、制造、销售等各个阶段的知识服务都需要签订合同，不确定事件随之增加，因此需要签订的合同需要具有极大的灵活性和适应性。

因此，在航空复杂产品项目知识服务网络中进行合同治理不可或缺。一方面，它能有效降低合同关系中的风险和不确定性。在交易过程中，由于存在诸多问题，企业很大程度上会面对各种机会主义风险。比如，在航空复杂产品项目中，知识服务方很可能为了节省成本提供一些劣质服务，导致知识需求方利益受损。另一方面，项目知识服务过程中的不确定事件众多，当这种不确定事件发生时，合同内容必须包括合同方的具体应对措施，设立灵活、留有余地的条款，才能保证合同的有效性，使得项目顺利实施。

8.1.2　合同治理的问题

由于知识授权许可过程的风险和复杂性所引起的交易费用和监督难度的上升必然会导致一些知识需求方冒险将所获得的知识私下转让给第三方，通过损害知识服务方的利益来达到自身利益的最大化，而这种现象往往又难以发现，有时即使发现了也因为合同的不完善和缺乏有效的惩罚机制而免受处罚。根据信息不对称发生的时间及内容来划分，可分为事前信息不对称导致的逆向选择问题和事后信息不对称的道德风险问题。

逆向选择是指在合同签订前由于信息的不对称，代理人掌握了委托人所不知道的并且不利于委托人利益的信息，签订了有利于自身利益的合同，并且可能致使委托人受到损害，也即委托人选择了不适合自身情况的代理人而发生的风险。例如，知识服务方在选择合作伙伴时，知识需求方（代理方）本身不具备提供知识保密（或者合作方所需要的知识）的能力，却做出虚假的承诺；而由于知识服务方（委托方）的"有限理性"，与之达成协议并签订了合同，这就产生了逆向选择问题。道德风险指合同签订后由于双方掌握的信息不对称，使委托人不能完全观察到代理人的行为或由于外部环境的变化仅为代理人观察到，导致在有合同的保障下，代理人采取了一些不利于委托人的行为，进而使其面临受损的风险。同样地，如果知识服务方（或知识共享方）在选择知识需求方后，没有细致地跟踪知识需求方的知识授权使用情况，会使其产生机会主义。

由于航空复杂产品项目知识服务过程中存在着逆向选择和道德风险问题，所以需要知识服务方设计有效的合同，抑制知识许可使用过程中出现的逆向选择和道德风险问题。同时，可以引入合同治理模式，通过构建显性合同、关系合同并辅以激励机制能够有效地降低合作双方的信息不对称程度，并通过激励机制提高知识服务方的期望收入，防范"隧道行为"。

8.1.3　合同治理的环境

航空复杂产品项目知识服务网络是以知识共享、交易和服务为核心的关系网络，具有复杂网络和复杂系统特性，这使得知识服务网络的合同治理环境也同样具有复杂性，主要表现在以下三个方面：

（1）合同治理主体的多样性。

航空复杂产品项目知识服务网络的构成主体较为繁多且复杂，不仅包括制造商、供应商等项目内成员，还包括政府机关、专业性的知识服务机构以及知识交易的监督机构等。合同治理主体的多样性，增加了知识服务网络的合同治理难度与协调成本。

（2）合同治理模式的多样性。

知识服务网络主体存在多样性，使合同治理模式也不尽相同。为了实现合同的有效治理，需要深入分析不同主体和治理环境的特点，并根据不同的问题采取相应的治理模式。

（3）知识服务需求不确定性。

项目内不同企业对知识的需求具有差异性，而且逐渐呈现出个性化的趋势。随着项目的推进和所处环境的不断变化，此时知识需求也会发生实时变化。由此，知识服务需求的不确定性就增加了，知识服务方服务水平的不确定性也因此增加了，导致知识服务网络内各方在知识服务内容和水平上产生沟通上的矛盾和冲突，并最终可能损害合作关系。因此这些不确定性增加了合同治理的难度。

8.1.4　合同治理的目标

（1）防范机会主义。

知识服务网络合同治理的关键在于是否能够保证航空复杂产品项目中的知识合作各方不利用彼此之间的信息不对称来谋取个人利益。

合同条款的制定很难涵盖未来可能发生的所有情况，进而出现不完备的合同，因此极易引致机会主义行为的发生。此外，由于是网络合作，合作伙伴很容易突然成为竞争对手，所以，合作企业往往出于各种考虑而不愿达成长期合作。

因此，如何防止机会主义行为的发生，避免项目成员单方面终止合作，或防止合作伙伴的利益在合作中受到损害，是航空复杂产品项目知识服务网络合同治理的主要目标。

（2）提高知识服务网络运作效率。

合同治理的目的是降低知识服务合同关系的风险与不确定性，并进一步提升航空复杂产品项目的知识利用效率和整体知识收益。

知识只有在网络中得到传播、共享和创新，才能充分发挥其最大价值和效用，以此提升整个航空复杂产品项目的运作绩效，构建更加完善的航空复杂产品项目知识共享和服务机制，这样不仅可以为航空复杂产品项目内相关企业提供研发、运营、销售和服务等方面的知识需求，还可以推动合作知识创新，为项目内相关企业及其利益相关者带来关系租金，提高整个航空复杂产品项目的水平和效率。

（3）协调利益分配。

知识服务网络作为虚拟的社会组织，网络内每一位成员皆为相对独立的利益单位。在知识服务业务上，知识服务网络中的成员与其他的组织是一种合作关系，但是基于追求各自的利益，又是一种相互竞争的关系。由于每个网络成员都是从自身利益出发，选择加入知识服务网络，那如何在利益上实现网络成员与其他成员之间的均衡协调，是知识服务网络的又一治理目标。

8.2 研究的理论基础

8.2.1 激励理论

（1）内容型激励理论。

20 世纪 30 年代以来，众多管理学者基于人的行为与激励的关系，提出了不同的管理激励理论，如多因素激励理论、行为改造理论和过程激励理论等，以期通过不同的方式与手段提高个人行为的主动积极倾向。内容型激励理论也称为多因素激励理论，它以"什么需求会导致激励"为研究视角，研究了引发、指导、保持与阻止人们行为的因素，主要有马斯洛（Maslow）、奥尔德弗（Alderfer）、麦克利兰（McClelland）、赫兹伯格（Herzberg）等代表人物，其主要观点如表8-1所示。

表8-1 内容型激励理论的代表人物及其观点

代表人物	理论	主要观点
Maslow（1943）	需要层次论	人的需要分为五个层次：生理、安全、社会、尊重和自我实现，人类的基本需要是一种有相对优势的层次结构
Alderfer（1972）	ERG 理论	将马斯洛的理论中五种需要归纳成三种核心的需要：生存、相互关系和成长发展需要，一般来说是由低到高逐步向上，但也可以跨层次发展
McClelland（1961）	成就需要理论	人的高级需要分为成就、归属和权力需要，并以成就需要为主导，影响一个人成就需要的因素包括直接环境和个性
Herzberg（1959，1968）	双因素理论	影响人们行为的因素分为保健因素和激励因素：保健因素只有安抚作用，不能起到激励的作用；只有激励因素才能起到充分激励的效果

马斯洛的需要层次理论揭示了人类心理发展的普遍特征，得到了国内外学者的普遍认可。然而，人们的需要层次是基于不同的价值观，不同的文化也会导致需要层次的变化，这制约了需要层次理论的普遍性。美国教授奥尔德弗对这一问题进行了有益的研究，并提出 ERG 理论，该理论更关注个体差异和组织中人的行为分析，更全面地反映了社会现实。著名心理学家麦克利兰提出的成就需要理论适用于激励具有崇高目标的员工。成就需要理论重视榜样的力量，强调了精神的作用，这对于把握管理者的高层次需求具有积极的借鉴意义。赫兹伯格认为，只有满足激励因素的需求，才能真正有效地、持续地、充分地激励员工。

（2）过程型激励理论。

过程型激励理论注重研究动机如何形成的心理过程，主要有弗鲁姆（Vroom）、亚当斯（Adams）和洛克（Locke）等代表人物，其主要观点如表8-2所示。1964 年，弗鲁姆首先提出比较完备的"效价—手段—期望理论"（简称"期望理论"）。亚当斯提出的公平理论可以用来探讨薪酬公平对人们工作积极性的影响。薪酬激励的一个关键问题是如何平衡个人贡献与薪酬之间的关系。美国学者埃德温·洛克提出目标设置理论，他认为目标设置应满足"SMART"（Specific、Measurable、Attainable、Relevant 和 Time-bound）原则。

表 8-2　过程型激励理论的代表人物及其观点

代表人物	理论	主要观点
Vroom（1964）	期望理论	当人们对一种行为结果充满预期，并且该结果对个体具有吸引力，那么个体会有做出该行为的倾向
Adams（1966）	公平理论	人们会比较自己的所得与所出，再将自己的所得所出与他人所得所出进行比较
Locke（1968）	目标设置理论	目标影响工作动机，必须根据具体性、难度和认同三个标准对目标进行设置

（3）综合型激励理论。

综合激励理论对早期的激励理论进行了归纳总结，可以较好地解释人的行为。该理论的代表人物主要有勒温（Lewim）、波特（Porter）和劳勒（Lawler）等，主要观点如表 8-3 所示。勒温受完形心理学观点的启发，从而提出一种独创的、关于人类行为的"场论"。1968 年，波特和劳勒吸收了过程型激励理论的内容，提出了综合激励模型，使激励显得更为合理、更贴近实际。

表 8-3　综合型激励理论的代表人物及其观点

代表人物	理论	主要观点
Lewim	场论	一个人的思想行为与其所处环境（"场"）息息相关
Porter 和 Lawler（1968）	综合激励模型	将激励看作内部条件、外部刺激、行为表现、行为结果的相互作用的统一过程

近年来，随着博弈论和信息经济学等理论的发展，以及各个理论在激励问题中的广泛、交叉应用，现代激励理论得到了极大丰富，并取得了一系列具有研究价值的成果，已经成为现代经济理论的研究前沿。

在航空复杂产品项目知识服务中，合同双方作为独立的实体，有着各自的利益要求和战略目标，激励理论就是吸引有着各自利益目标的个体，在达到自己目标的同时，为实现共同目标而朝着同一方向努力（陈偲苑和张巍，2006）。因此，本书将相关激励理论运用于合同理论之中，构建激励合同治理模型，探讨分析航空复杂产品项目知识服务网络的合同治理问题。

8.2.2　合同理论

（1）交易、合同与合同理论。

人与人之间最基本的经济性关系是交易关系，人们通过交易，以达到生产的目的，实现分工与合作，获取收益和激励。合同是交易关系中不可或缺的一个重要部分。

合同理论为合同的性质、作用、设计和应用等提供简便的研究框架与方法。它所研究的问题主要有：为了解决交易中存在的机会主义问题如何设计合同，或者是当出现信息不能证实的情形时如何设计合同等。

根据研究方法的不同，合同理论可分为完全合同理论和不完全合同理论两种类型。完全合同理论的特点是机制设计，根据博弈论的性质，可以将其分为四个部分：占优策略均衡、贝叶斯均衡、纳什均衡与子博弈精炼纳什均衡。该部分由于发展时间较长，形成的体系较为完整。不完全合同理论自身仍在发展，还需要不断完善，但也逐渐成为许多领域的重要研究工具。可以从两个方面理解合同不完全：一方面是责任、义务的界定不完全、不清楚；另一方面是合同不足以缔结依赖状态。

（2）不完全信息的完全合同。

合同理论的主要工作是解决缔结合约过程当中的不对称信息问题。根据信息类型的不同，不对称信息可以分为两种类型：隐藏信息、隐藏行动。

静态双边契约问题是信息不对称条件下的一种合同问题，它包括两种类型：隐藏信息（逆向选择）、隐藏行动（道德风险）。根据提出合同的一方是否拥有信息，又可以分为信息甄别模型与信息发送模型。

信息甄别作为一种机制设计问题，无信息方提出合同菜单来识别不同类型的有信息方。信息发送模型考虑这样一种情况：拥有私有信息的一方，通过合同签订阶段前的可观察行动，从而将部分私有信息传递给另一方。道德风险涉及一个长期以来在保险业被称为道德风险的基本的激励问题，揭示了一个重要的经济学问题，即道德风险问题要求代理人从行为奖励菜单中进行选择，因为隐藏行为发生在合同签订之后。

（3）声誉。

Kreps 是第一位提出企业声誉理论的学者，对企业理论的基本问题进行了全新的解释。1982 年，Kreps 等建立了标准声誉模型，即 KMRW 模型。基于不完全信息的 KMRW 模型，为日常生活中的许多现象提供了合理的解释。1990 年，他将无名氏定理应用于重复博弈中，认为声誉是企业一种无形的资产（Kreps，1990）。有能力的企业之所以与低能企业有所区别，是因为高能企业选择高努力水平来提高自己的声誉，以此对外树立良好的形象（Mailath and Samuelson，2001）。

企业的社会声誉需要经历漫长的发展过程。企业社会声誉的形成过程以及其对企业价值的影响如图 8-1 所示。在良好的社会声誉形成之后，非正式的隐性承诺才能直接转化为企业的社会价值，起到积极作用。因此，良好的声誉使得消费者对企业的信心增强，也能够显著降低在经济活动中信息不对称或交易合同引起的交易成本。

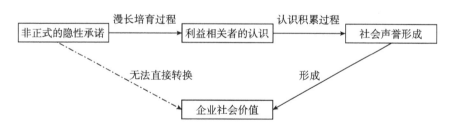

图 8-1 企业社会价值形成过程

必须清楚的是，任何理论体系都是有缺陷的，声誉机制当然也不例外。在一些具体的案例中，声誉机制由于容易受到主客观因素的影响，其作用效果可能会低于我们所预想的情况，这也就要求我们需要理性对待声誉理论。

8.3 基于显性激励的合同治理模型

8.3.1 问题的提出

航空复杂产品项目知识服务网络的节点关系是一种类似于委托—代理关系的关系，知识服务方将知识使用权许可给知识需求方使用，需求方需付给服务方一定的费用，从而知识需求方获得知识的授权许可进行知识应用。合同治理在航空复杂产品项目知识服务网络中非常重要，它可以帮助减少合同关系中的风险和不确定性（Turner and Simister，2001）。

知识服务网络合同治理中存在道德风险和逆向选择问题，尤其道德风险问题是委托代理问题的核心问题。解决缔结合约过程中的不对称信息问题是合同理论的主要工作，因此道德风险问题的有效解决需要通过合同理论设计合理的激励机制。

因此，基于本书的研究背景，航空复杂产品项目知识服务网络的合同治理着眼于知识需求方与知识服务方之间显性、隐性和最优合同的设计安排。本书的合同治理模型分析框架如图 8-2 所示。

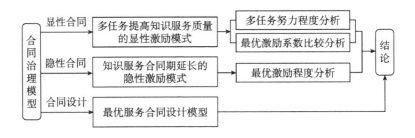

图 8-2 合同治理模型框架

本章知识服务网络合同治理的研究假设前提是航空复杂产品项目内的知识需

求方与知识服务方之间为一次性短期合作关系，难以了解知识服务方隐藏的信息和行为。因此，知识需求方只能通过评估知识服务方的知识产出，然后支付服务报酬。所以，在设计的合同中应当注明知识服务方工作的知识产出结果决定知识服务方获得多少报酬，以诱使知识服务方在追求自身利益的同时，做出有利于实现知识需求方目标的行为。

结合本书研究的实际背景，服务方选择符合需求方利益的行动就是努力提高知识服务的内容和质量。因此，本书显性激励合同的设计主要是诱使知识服务方在服务的过程中，努力达到合理化服务时间、减少成本和提高服务质量这三个目标，从而在航空复杂产品项目知识服务过程中符合知识需求方利益，使项目顺利推进。

8.3.2 基本假设

（1）努力水平。

假设知识服务方的努力水平为 X。Z 表示知识服务方在完成各项任务时的努力水平集合，$X \in Z$。在知识服务的过程中，知识服务方对本身的努力水平十分了解，但是对于需求方来说却是未知的。

（2）努力成本。

知识服务方的努力程度会导致自身效用和利润的降低，假设 C（X）为知识服务方付出努力所耗费的成本，用货币的方式表示为 $C(X) = cX^2/2$，且 $C'X > 0$，$C''X > 0$。其中，c 为知识服务方的边际努力成本变化率，且 $c > 0$。

（3）知识服务产出函数。

航空复杂产品项目知识服务网络的知识产出是关于知识服务方付出努力的程度和外界影响因素的函数，$B(X) = AX + \varepsilon$。其中，ε 为外界因素对服务知识产出的影响，反映环境的不确定性，$\varepsilon \in (0, \sigma^2)$。$\varepsilon$ 越小说明外界随机因素对知识服务产出的结果影响越小。知识服务产出归知识需求方所有。

（4）报酬函数。

据已观测到的 B 以及合同支付条款中的内容，知识需求方给知识服务方支付相应的报酬 Y（B）。根据具体情况，应用成本加激励费用合同（Cost Plus Incentive Fee，CPIF），所以知识需求方根据 B 对知识服务方采取激励，报酬函数为

"固定成本+激励费用"的形式，用 Y（B）=α+βB 表示。

（5）期望效用函数。

假设知识需求方的期望效用指知识服务产出减去知识需求方支付给知识服务方报酬后的剩余价值，即 θ=θ（B−Y（B）），其中 θ′>0，θ″≤0。知识服务方的期望效用函数表示知识服务获得的收入减去自身努力的成本后的剩余价值，即 μ=μ（Y（B）−C（X）），其中 μ′>0。

（6）风险厌恶。

假设航空复杂产品项目知识服务网络内的知识需求方是风险中性的，风险厌恶系数为 ρ=−θ″/θ′；知识服务方属于风险规避，风险厌恶函数为 λ=−μ″/μ′。w 为实际货币收入。

8.3.3 基本原理

根据以上假设，以下主要分析航空复杂产品项目知识服务网络内知识服务方激励的基本原理。在航空复杂产品项目知识服务网络中，知识需求方给知识服务方提供需求清单，但是在前一章也讨论过，在知识服务的过程中，知识服务方的部分行为是知识需求方难以观察到的，这在很大程度上影响着项目中知识需求方的利益，妨碍航空复杂产品项目的顺利进行。此时需求方处于信息劣势地位，最终只能观测到知识服务的产出 B。

由激励相容约束（Incentive Compatibility Constraint，IC）可知，任何情况下，知识服务方总会采取最大化自身效用水平的行为。因此以长期、发展的眼光来看，知识需求方只能通过设计有效的激励合同来诱使知识服务方做出有利于知识需求方的行为。所以，知识需求方的问题是设计满足知识服务方个人理性约束（Individual Rationality Constraint，IR）和激励相容约束（IC）的激励合同，从而最大化自己的期望效用函数。本小节将使用分布函数的参数化模型方法分析基本原理。

知识需求方的期望效用函数可表示为：

$$\int \theta(B - Y(B))f(B, X)dx \tag{8-1}$$

此时，知识需求方需要选择满足式（8-1）的 X 以及 Y（B）。但是知识需求方会受到知识服务方的两个约束条件的影响。

一个约束条件为知识服务方的个人理性约束（IR），表示如下：

$$\int \mu(Y(B))f(B, X)dx - C(X) \geq \bar{u} \tag{8-2}$$

另一个约束条件为知识服务方的激励相容约束（IC），表示如下：

$$\int \mu(Y(B(X)))f(B, X)dx - C(X) \geq \int \mu(Y(B(X')))f(B, X')dx - C(X'). \forall X' \in Z \tag{8-3}$$

这时需求方面临的问题就变成：

$$\max \int \theta(B - Y(B))f(B, X)dx \tag{8-4}$$

$$s.t. (IR)\int \mu(Y(B))f(B, X)dx - C(X) \geq \bar{u}$$

$$(IC)\int \mu(Y(B(X)))f(B, X)dx - C(X) \geq \int \mu(Y(B(X')))f(B, X')dx - C(X'). \forall X' \in Z$$

根据上文中的基本假设，已知产出函数为 B（X）= AX+ε，因此从中可以得出，EB=E（AX+ε）=E（AX），var（B）=σ^2，即 X 值影响知识产出的均值，但方差与均值并没有相关性。

根据分析，知识服务方为风险规避，知识需求方为风险中性。那么，此时知识需求方的期望效用等于期望收益，为：

$$E\theta(B-Y(B)) = -\alpha+(1-\beta)X \tag{8-5}$$

并且 C（X）= $cX^2/2$，那么服务方所获得的实际收益是：

$$w = Y(B)-C(X) = \alpha+\beta(AX+\varepsilon)-\frac{1}{2}cX^2 \tag{8-6}$$

知识服务方的确定性等价收益满足 u =（CE$_s$）= Eu（w），因此知识服务方从 w 中所获得的期望效用就相当于从 CE$_s$ 中获得的效用。此时，确定性等价收益 CE$_s$ 为：

$$CE_s = Ew-\frac{1}{2}\lambda\beta^2\sigma^2 = \alpha+\beta B-\frac{1}{2}cX^2-\frac{1}{2}\lambda\beta^2\sigma^2 \tag{8-7}$$

其中，$\frac{1}{2}\lambda\beta^2\sigma^2$ 为知识服务方的风险成本，当 $\beta=0$ 时，$\frac{1}{2}\lambda\beta^2\sigma^2=0$。

已知，知识服务方的保留效用水平为 $\bar{u}$，仅当 CE$_s \geq \bar{u}$ 时，知识服务方会接受合同，此时，知识服务方的个人理性约束（IR）为：

$$\alpha+\beta B-\frac{1}{2}cX^2-\frac{1}{2}\lambda\beta^2\sigma^2\geq u \tag{8-8}$$

因为航空复杂产品项目内的知识需求方并不清楚知识服务方的努力水平 X，因此在激励相容约束（IC）条件的作用下，知识服务方将选 X，从而最大化自己的 CE_d，则有（IC）$X\in argmax$（CE_d）。

根据 Holmstrom 的一阶条件方法，解出 $X=\beta/c$。也就是说，知识服务方的 IC 意味着 $X=\beta/c$。此时委托代理问题是选择（α，β），解出下列问题：

$$\max_{\alpha,\beta}-\alpha+(1-\beta)X \tag{8-9}$$

$$s.t.\ (IR)\alpha+\beta B-\frac{1}{2}cX^2-\frac{1}{2}\lambda\beta^2\sigma^2\geq\overline{u}$$

$$(IC)X=\frac{\beta}{c}$$

将个人理性约束（IR）和激励相容约束（IC）代入目标函数，因此式（8-9）变成以下问题：

$$\max_{\alpha}\frac{\beta}{c}-\frac{c}{2\left(\frac{\beta}{c}\right)^2}-\frac{1}{2}\lambda\beta^2\sigma^2-\overline{u} \tag{8-10}$$

此时，一阶条件为：

$$\frac{1}{c}-\frac{\beta}{c}-\lambda\beta\sigma^2 \tag{8-11}$$

即可得：

$$\begin{cases}\beta=\dfrac{1}{1+c\lambda\sigma^2}\\[3mm]X=\dfrac{1}{c(1+c\lambda\sigma^2)}\end{cases} \tag{8-12}$$

由此，可得出知识需求方的最大期望收入为：

$$\max E\theta(B-Y(B))=-\alpha+(1-\beta)X=-\alpha+\frac{\lambda\sigma2}{(1+c\lambda\sigma2)^2} \tag{8-13}$$

由式（8-12）可知，β、X、c、λ 和 σ^2 之间存在以下关系：

（1）激励系数 β、努力水平 X 和努力成本系数 c 之间为负相关关系。也就是说，当 c 减小时，β 和 X 就会增大。由于知识服务方在项目中付出努力能带来正效用，因此航空复杂产品项目内的知识服务方就更愿意努力工作，此时知识需求方也会相应增强对知识服务方的激励强度。反之，当 c 增大时，β 和 X 就会减小，意味着此时知识需求方对其的激励强度也相应减弱。

（2）激励系数 β、努力水平 X 和风险规避程度 λ 之间为负相关关系。当 λ 减小时，β 和 X 就会增大。当双方此时的合同为激励合同时，知识服务方愿意付出更多的努力从而获得更多的利益，当然知识需求方也会因此增加对服务方的激励。因此，知识需求方需要根据知识服务方的风险规避程度适度调整对知识服务方的激励强度。

（3）激励系数 β、努力水平 X 和外界不确定因素 σ^2 之间为负相关关系。也就是说，当 σ^2 增大时，β 和 X 就会减小，说明当外界不确定因素对知识服务方的产出结果具有主要影响时，知识服务方无论怎样努力，对最终结果也不会产生任何改变，因此努力水平较小。同样地，知识需求方无论怎样激励也不能带来外界环境的任何改变，知识需求方因此减弱激励强度。

从知识需求方角度来看，如果对知识服务方的行为不采取任何激励，那么知识服务方为提高知识服务质量而付出的努力就不会获得额外的奖励收益。在这样的情形下，理性的知识服务方缺乏动力付出额外努力，只会遵照合同做出符合最低要求的行为。此时，知识需求方的收益用知识需求方支付报酬的负值来表示，那么知识需求方的期望效用应为-α，也就是知识需求方只给知识服务方付固定的酬金。

但从上述原理的分析中，我们可以看出：当知识需求方对知识服务方的行为采取激励时，知识服务方愿意付出额外努力去提升知识服务的质量，此时，知识需求方的期望收益明显高于固定酬金-α，即在激励合同下，知识需求方支付给知识服务方的金额将明显小于固定酬金。由式（8-13）可知，知识需求方的额外收益效用 Eθ′ 为：

$$E\theta' = \frac{\lambda\sigma^2}{(1+c\lambda\sigma^2)^2} \tag{8-14}$$

8.4　基于多任务的显性激励模型

8.4.1　模型假设

假设1：在航空复杂产品项目内的知识服务方进行知识服务时，其任务主要是实现服务进度、成本和服务质量三个方面的目标，各目标对收益的产生的影响是一致的。

假设2：知识服务方的额外努力程度为 $X=(X_1, X_2, X_3)$，X_1、X_2、X_3 分别是其在服务进度、成本以及服务质量这三个任务上所做出的努力程度，$X_i>0$。知识服务方努力成本函数为 $C(X_i)=c_iX_i^2/2$，且 $C'(X)>0$，$C''(X)>0$。c_i 为知识服务方关于这三个任务的边际成本变化率，且 $c_i>0$，表示知识服务各项任务的努力系数。c_i 越大，表示知识服务方付出同样的努力给自己带来的负效用越大。

假设3：知识服务的产出是知识服务方额外努力程度和外界影响因素的函数，用生产函数 $B(X_1, X_2, X_3)=AX_1^pX_2^qX_3^{1-p-q}+\varepsilon$ 来表示。$A>0$，表示知识服务方的综合能力水平。不同项目的知识需求方对进度、成本以及质量任务的重视程度有所区别，p、q、$1-p-q$ 分别代表三者的相对重要性，且满足 $p\in(0, 1)$，$q\in(0, 1)$，$p+q\in(0, 1)$。ε 反映外部环境的不确定性，$\varepsilon\in(0, \sigma^2)$。

8.4.2　模型建立与求解

为了模型的简洁性，假定目标之间努力成本相互独立。

由式（8-5）可知，结合上述基本假设，此时知识需求方的期望效用，可表示为：

$$E\theta(B-Y(B))=-\alpha+(1-\beta)A(X_1, X_2, X_3) \tag{8-15}$$

由前文的基本原理可知，并结合上述基本假设，此时知识服务方的期望效用可表示为：

$$Ew=\alpha+\beta A(X_1, X_2, X_3)-C(X_1, X_2, X_3) \tag{8-16}$$

知识服务方为风险规避。根据确定性等价原理，知识服务方的确定性等价收益 CE_s 为：

$$CE_s = \alpha + \beta AX_1^p X_2^q X_3^{1-p-q} - \sum \frac{1}{2} c_i X_i^2 - \frac{1}{2} \lambda \beta^2 \sigma^2 \qquad (8-17)$$

其中，$\alpha + \beta AX_1^p X_2^q X_3^{1-p-q} - \frac{1}{2} \sum c_i X_i^2$ 为知识服务方的期望收益；$\frac{1}{2} \lambda \beta^2 \sigma^2$ 为知识服务方的风险成本，说明其愿意在随机收益中以 $\frac{1}{2} \lambda \beta^2 \sigma^2$ 的成本来获取确定性收益。

知识需求方的风险是中性的，此时确定性等价收益 CE_d 为：

$$CE_d = AX_1^p X_2^q X_3^{1-p-q} - (\alpha + \beta AX_1^p X_2^q X_3^{1-p-q}) \qquad (8-18)$$

其中，α 为知识需求方支付给知识服务方的固定报酬，取决于知识服务方的保留效用 $\bar{u}$，并不对 β 和（X_1，X_2，X_3）产生影响。

这时，研究如何通过确定激励系数 β，使航空复杂产品项目知识服务的价值发挥极致。知识服务的价值为双方的确定性等价收益之和，即

$$CE = CE_s + CE_d = AX_1^p X_2^q X_3^{1-p-q} - \sum \frac{1}{2} c_i X_i^2 - \frac{1}{2} \lambda \beta^2 \sigma^2 \qquad (8-19)$$

由式（8-8）可知，上述模型满足参与约束条件，可表示为：

$$AX_1^p X_2^q X_3^{1-p-q} - \sum \frac{1}{2} c_i X_i^2 - \frac{1}{2} \lambda \beta^2 \sigma^2 \geqslant \bar{u} \qquad (8-20)$$

在信息不对称的条件下，因此须分析关于知识需求方对知识服务方的激励机制决策问题。换句话说，就是要在满足知识服务方激励相容约束（IC）、个人理性约束（IR）条件下最大化知识服务的价值，即是求解以下最优化的问题：

$$\max CE = AX_1^p X_2^q X_3^{1-p-q} - \sum \frac{1}{2} c_i X_i^2 - \frac{1}{2} \lambda \beta^2 \sigma^2 \qquad (8-21)$$

$$\text{s.t. (IR)}: AX_1^p X_2^q X_3^{1-p-q} - \sum \frac{1}{2} c_i X_i^2 - \frac{1}{2} \lambda \beta^2 \sigma^2 \geqslant \bar{u}$$

$$\text{s.t. (IC)}: X \in \operatorname{argmax}(\alpha + \beta AX_1^p X_2^q X_3^{1-p-q}) - \sum \frac{1}{2} c_i X_i^2 - \frac{1}{2} \lambda \beta^2 \sigma^2$$

此时，对于航空复杂产品项目知识服务网络中的知识需求方来说，就变成如何在满足上述参与约束条件下选择合适的 β，让其期望收入最大化的问题。

因此，求解出 β 的最优值情况，即 β^* 为：

$$\beta^* = \frac{1}{1+\lambda\sigma^2 A^{-2}\left(\dfrac{c_1}{p}\right)^p\left(\dfrac{c_2}{q}\right)^q\left(\dfrac{c_3}{1-p-q}\right)^{1-p-q}} \tag{8-22}$$

由前文的基本原理分析可知，航空复杂产品项目内的知识服务方越愿意努力工作，项目知识需求方对其的激励强度就越强。但当知识服务方不愿为项目付出努力，此时知识需求方也就相应减小对其的激励强度。因此，需要在多任务之下对服务进度、成本、服务质量三个任务的最优努力水平进行求解，整理得：

$$\begin{cases} X_1^* = \dfrac{A\left(\dfrac{p}{c_1}\right)^{\frac{p+1}{2}}\left(\dfrac{q}{c_2}\right)^{\frac{q}{2}}\left(\dfrac{1-p-q}{c_3}\right)^{\frac{1-p+q}{2}}}{c_3+c_3\dfrac{p+q}{1-p-q}+\lambda\sigma^2 A^{-2}(\dfrac{c_1}{p})^p\left(\dfrac{c_2}{q}\right)^q\left(\dfrac{c_3}{1-p-q}\right)^{2-p-q}} \\[3em] X_2^* = \dfrac{A\left(\dfrac{p}{c_1}\right)^{\frac{p}{2}}\left(\dfrac{q}{c_2}\right)^{\frac{q+1}{2}}\left(\dfrac{1-p-q}{c_3}\right)^{\frac{1-p+q}{2}}}{c_3+c_3\dfrac{p+q}{1-p-q}+\lambda\sigma^2 A^{-2}\left(\dfrac{c_1}{p}\right)^p\left(\dfrac{c_2}{q}\right)^q\left(\dfrac{c_3}{1-p-q}\right)^{2-p-q}} \\[3em] X_3^* = \dfrac{A\left(\dfrac{p}{c_1}\right)^{\frac{p}{2}}\left(\dfrac{q}{c_2}\right)^{\frac{q}{2}}\left(\dfrac{1-p-q}{c_3}\right)^{\frac{p+q}{2}}}{c_3+c_3\dfrac{p+q}{1-p-q}+\lambda\sigma^2 A^{-2}\left(\dfrac{c_1}{p}\right)^p\left(\dfrac{c_2}{q}\right)^q\left(\dfrac{c_3}{1-p-q}\right)^{2-p-q}} \end{cases} \tag{8-23}$$

8.4.3 结论与分析

（1）知识服务方多任务努力程度分析。

结论1：知识服务方在进度、成本以及质量上的最优努力水平 X_1^*、X_2^* 和 X_3^* 与知识服务方的综合能力水平 A 正相关，与边际努力成本变化率 c 负相关。

证明：由式（8-23）可得：

$$\frac{\partial X_1^*}{\partial A}>0,\quad \frac{\partial X_2^*}{\partial A}>0,\quad \frac{\partial X_3^*}{\partial A}>0 \tag{8-24}$$

$$\frac{\partial X_1^*}{\partial c_1}<0, \quad \frac{\partial X_2^*}{\partial c_2}<0, \quad \frac{\partial X_3^*}{\partial c_3}<0$$

也就是说，当知识服务方的综合能力水平 A 提高时，这样更容易将知识服务方的努力转化成知识产出，知识服务方的 X_1、X_2 和 X_3 也将因此提高。而当知识服务方的边际努力成本变化率 c 提高时，对于知识服务方来说，同等单位的知识产出须支付更高的努力成本，因此积极性也会显著呈下降趋势，X 也有所降低。

结论2：任务的重要性及其边际努力成本变化率 c 决定知识服务方投入进度、成本以及质量上的最优努力水平 X_1^*、X_2^* 和 X_3^*。当任务越重要，c 越低时，知识服务方所投入的努力程度就越大。

对式（8-23）进行简化可得：

$$X_1^* = \sqrt{\frac{c_3 p}{c_1(1-p-q)}} X_3^*$$

$$X_2^* = \sqrt{\frac{c_3 p}{c_2(1-p-q)}} X_3^* \qquad (8-25)$$

令 $\omega = \sqrt{\dfrac{c_3 p}{c_1(1-p-q)}}$，$\eta = \sqrt{\dfrac{c_3 p}{c_2(1-p-q)}}$，因此：

$$X_1^* = \omega X_3^*, \quad X_2^* = \eta X_3^* \qquad (8-26)$$

给定（c_1，c_2，c_3），此时将 $\omega(p, q, c_1, c_3)$ 和 $\eta(p, q, c_2, c_3)$ 看成关于（p，q）的二元函数。应用 MATLAB 软件对这些参数进行整理汇入、绘图，可知：

第一，当 $c_1=c_3$ 时，ω 的图像如图 8-3 所示。当 p 接近于 0 时，ω 也趋近于 0，说明在知识服务项目在不紧急的情况下，知识服务方在服务进度这一目标上的努力投入 X_1 也就越少；随着 p 的逐渐增大，X_1 也随之增多。当 p 接近于 1 时，此时说明服务进度这个目标极为重要，也可反映为需要进行知识服务的航空复杂产品项目已经快到交付的时间；这时 ω 趋近于 ∞，往往此时，知识服务方在进度中付出大部分的努力，甚至可能出现为赶进度而因此减少对服务成本以及服务质量上投入的情况。当 p 保持不变、q 逐渐增大时，ω 值也随之增大，可以解释为当航空复杂产品项目知识服务网络中的知识服务方进行成本控制时，会相应地在进度当中投入一部分精力，以避免固定成本的浪费（邱聿旻等，2018）。

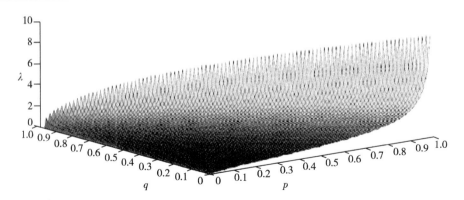

图8-3 最优服务时间的努力水平

第二，当 $c_2 = c_3$ 时，η 的图像如图8-4所示。当 q 逐渐增大，也就是当服务成本对于知识服务越来越重要时，知识服务方在成本这一目标的努力投入 X_2 也将随之增多；当 q 接近于1时，η 趋向于∞，X_2 将占据绝大部分，此时为了尽可能节约成本可能会忽略服务进度以及服务质量的重要性。当 p 向0逐渐接近时，表明知识需求方并不关注服务的进度，此时服务方只需考虑自身提供服务时付出的成本以及质量问题。当 q 向0逐渐接近时，表明需要知识服务的航空复杂产品项目资金充足，为了更顺利地完成知识服务，知识需求方采取相关激励措施以期望知识服务方投入更多的人力物力来完成知识服务，实现知识服务目标。例如，国家战略性的航空重大项目，资金问题并不是项目内知识需求方首要关注点，而是期望知识服务方能够更迅速地完成优质的知识服务，从而能够在其他方面获得优势。

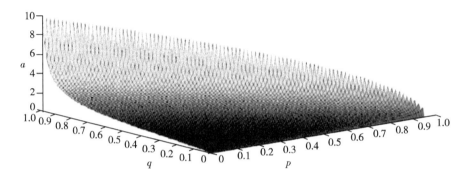

图8-4 最优成本的努力水平

（2）最优激励系数分析。

结论3：最优激励系数 β_i 与知识服务方风险规避系数 λ、外部环境不确定性 σ^2 负相关，与知识服务方的综合能力水平 A 正相关。

证明：由式（8-22）可得：

$$\frac{\partial \beta}{\partial \lambda}<0, \quad \frac{\partial \beta}{\partial \sigma^2}<0, \quad \frac{\partial \beta}{\partial A}>0 \tag{8-27}$$

由式（8-27）和对前文中基本原理的分析，可以看出：

第一，β_i 和 λ 为负相关关系。λ 越低，知识服务方越能知晓自身所付出的努力能获得多少收益，因此提高自身努力工作的积极性，此时航空复杂产品项目内的知识需求方为了更好地完成项目，应增强对知识服务方的激励强度。

第二，β_i 和 σ^2 为负相关关系。σ^2 越高，获得的收益和知识服务方的努力水平并不一定完全相关，此时知识需求方的激励可能并非十分有效，知识服务方努力水平此时也将维持在较低的程度。

第三，β_i 和 A 为正相关关系。A 越高，知识服务产出越高，所获得的收益越多。此时知识服务方的积极性也显著增强，因此也应保持对其较强的激励程度。并且，当知识服务方具备较高的综合努力水平时，也就具备较高的应险能力，风险规避程度降低，因此也应该对知识服务方采用较强的激励。

结论4：当其他条件保持不变时，最优激励系数 β_i 是知识服务方边际成本变化率之和 $\sum c_i$ 的减函数。

证明：令 $J = \left(\dfrac{c_1}{p}\right)^p \left(\dfrac{c_2}{q}\right)^q \left(\dfrac{c_3}{1-p-q}\right)^{1-p-q}$ 是关于 p、q 的幂指函数，

因此：

$$\beta^* = \frac{1}{1+\lambda \sigma^2 A^{-2} J} \tag{8-28}$$

此时，J 越大 β 越小。

（3）相互关系分析。

假设每个任务之间是相互独立的。

解得后，与前面基本原理中分析的结论一致：β_i 和 X_i 是 c_i、λ 及 σ_i^2（i=1，2，3）的减函数。因此，这里只进行简单的分析。

第一，当某个任务对于知识服务方而言 c_i 较小，表明知识服务方在该任务上所做出努力带来的负效用较小。此时，知识服务方愿意努力地完成该任务，知识需求方也因此给予其较大的激励强度。

第二，当知识服务方的 λ 较大，表明此时知识服务方不愿意冒险付出努力。在这种情形下，激励的效果微乎其微。所以，知识需求方需要考虑减小激励强度。反之，当知识服务方的 λ 较小，就应该增强对知识服务方的激励强度。

第三，当某个任务的 σ_i^2 较大时，即该任务的知识服务产出结果极大地受到外界的影响，而受服务方的努力水平影响较小，那么知识服务方也就不愿意在该任务中付出更多的努力。在这种情形下，知识需求方的激励对知识服务方而言意义不大，因此需要降低激励强度。

8.5　基于最优合同设计的基本模型

8.5.1　模型假设

为了便于论述，作出如下假设：

（1）收入（X）。

假设项目中知识服务方和知识需求方都是风险中性，并且双方都是完全理性的，即最大化各自的期望效用。服务方根据航空复杂产品项目需求清单进行知识服务活动，需求方根据服务方的知识产出支付报酬。知识服务方可通过更加努力来获得高收入。

（2）知识服务能力（θ）。

假设 θ 表示知识服务能力，并且 $\theta \in \{\theta_L, \theta_H\}$，$\theta_L < \theta_H$。在签订合同之前，服务方的能力并不为知识需求方所知晓，因此对知识服务能力有如下分布：高能力（θ_H）的概率为 β，有较低能力（θ_L）的概率为 1-β。

（3）努力水平（e）。

假设 e 为努力水平，并且知识服务能力为 θ 的知识服务方在做出 e 的努力后，能够有 θ_e 的概率获得收入 R。在关于航空复杂产品项目的知识服务过程中，知识服务方清楚自己的努力水平，但是知识需求方无法完全了解，并且知识服务方的努力程度并非一成不变。

（4）努力成本（ψ）。

假设 ψ 为知识服务方付出努力所需要支付的成本，$\psi(e) = ce^2/2$ 表示付出 e 的努力给知识服务方带来的私人成本。c 为知识服务方的努力成本系数，c 越大说明知识服务方付出同样的努力所产生的负效用就越大，这个函数的费用呈递增趋势，而且其边际费用也呈递增趋势。

以上假设均为知识需求方和知识服务方共同知识。

8.5.2　模型建立

航空复杂产品项目中的知识需求方在通过知识服务网络获得知识服务之前，为了达到预期效果，应该设计一份合同菜单（t_i，r_i）。这里有 $0 \leqslant r_i \leqslant X$。

其中，t_i 表示在知识服务方提供服务之前，给予知识需求方的一笔初始服务保证金；r_i 表示知识需求方收取的一笔违约金。

在（t_i，r_i）合同下，分析知识服务方的收益，为：

$$\pi_s = \theta_i e(R - r_i) - t_i - \frac{1}{2}ce^2, \quad i = L, \ H \tag{8-29}$$

得出知识服务方的最大努力选择，为：

$$e_i = \frac{\theta_i(R - r_i)}{c} \tag{8-30}$$

于是，在（t_i，r_i）合同下，分析知识服务方的最大收益，为：

$$\max \pi_s = \frac{\left[\theta_i(R - r_i)\right]^2}{2c} - t_i \tag{8-31}$$

式（8-31）表明，此时知识服务方最优努力选择独立于 t_i，r_i 是递减的。

所以，基于以上情况的分析，得知此时知识需求方面临的问题，为：

$$\max_{(t_i, r_i)} \left\{ \beta \left[t_H + \frac{\theta_H^2(R - r_H)r_H}{c} \right] + (1 - \beta) \left[t_L + \frac{\theta_L^2(R - r_L)r_L}{c} \right] \right\} \tag{8-32}$$

$$\text{s. t.} \begin{cases} \dfrac{\left[\,\theta_i(R-r_i)\,\right]^2}{2c}-t_i \geqslant \dfrac{\left[\,\theta_i(R-r_j)\,\right]^2}{2c}-t_j\,, \ \text{所有的} \ j \neq i \ \text{和所有的} \ i=L, \ H \\[4mm] \dfrac{\left[\,\theta_i(R-r_i)\,\right]^2}{2c}-t_i \geqslant 0\,, \ i=L, \ H \end{cases} \tag{8-33}$$

8.5.3 仅存在道德风险时的最优合同

在第一种情况下，假设航空复杂产品项目中的知识需求方能利用知识服务网络内的某种机制，能够界定知识服务方的能力。于是现在讨论仅存在道德风险时的问题。那么知识需求方就可以针对每个类型 i 的知识服务方进行分类处理，从而将式（8-32）简化为：

$$\max_{(t_i,r_i)}\left\{t_i+\frac{\theta_i^2(R-r_i)r_i}{c}\right\} \tag{8-34}$$

$$\text{s. t.} \ \frac{\left[\,\theta_i(R-r_i)\,\right]^2}{2c}-t_i \geqslant 0\,, \ i=L, \ H \tag{8-35}$$

由于此时约束条件为紧参与约束，于是知识需求方面临以下问题：

$$\max_{r_i}\left\{\frac{\left[\,\theta_i(R-r_i)\,\right]^2}{2c}-t_i+\frac{\theta_i^2(R-r_i)r_i}{c}+t_i\right\}$$

t_i 相消，整理得：

$$\max_{r_i}\left\{\frac{\left[\,\theta_i(R-r_i)\,\right]^2}{2c}+\frac{\theta_i^2(R-r_i)r_i}{c}\right\} \tag{8-36}$$

化简得：

$$\max_{r_i}\frac{\theta_i^2(R^2-r_i^2)}{2c} \tag{8-37}$$

因此对以上问题求解，最后可得出一个简单解：$\begin{cases} r_H=r_L=0 \\[2mm] t_i=\dfrac{\theta_i^2 R^2}{2c}\,。 \end{cases}$

此时，我们可以看到，t_i 的大小与 θ 和 R 正相关，也就是说，知识服务方的能力越大，未来获得的收入就越多，交的保证金也就越多。对于 $r_H=r_L=0$ 这种情况，说明无论是高能力还是低能力的知识服务方，违约金都可以设置为 0。

从以上的模型的求解分析可知，为了防止航空复杂产品项目中服务方的道德风险问题，知识需求方在服务合同设计中，就可以要求：第一，收取一笔关于具体服务项目的初始服务保证金。第二，在合同中，违约金可以要求得相对低一些，甚至不收取违约金。因为相比违约金来说，收取一笔高额的保证金更能激发服务方付出加倍的努力，提高知识服务的质量。

8.5.4　仅存在逆向选择时的最优合同

在第二种情况下，将航空复杂产品项目内的知识服务方的努力水平假定为 $\hat{e}$，但是知识服务能力 θ 为隐藏信息。

通过假设与状况的分析，此时知识需求方面临的规划变成：

$$\max_{(t_i, r_i)} \left\{ \beta(t_H + \theta_H \hat{e} r_H) + (1-\beta)(t_L + \theta_L \hat{e} r_L) \right\} \tag{8-38}$$

$$\text{s. t.} \begin{cases} \theta_i e(R-r_i) - t_i \geq \theta_i e(R-r_i) - t_j, \text{ 对所有的 } j \neq i \text{ 和所有的 } i = L, \ H \\ \theta_i e(R-r_i) - t_i - \dfrac{1}{2}ce^2 \geq 0, \ i = L, \ H \end{cases} \tag{8-39}$$

因此求解以上问题，此时得到简单解：$\begin{cases} r_H = r_L = R \\ t_i = -\dfrac{1}{2}c\hat{e}^2 \end{cases}$。

可以看出，此时，合同菜单（t_i，r_i）使得知识服务方的信息租金最小化。

通过模型的求解与分析，为了防止航空复杂产品项目内的知识服务方出现逆向选择问题，需求方在服务合同设计中，就可以有如下策略：若是与低能力的知识服务方签订合同，并且最终知识服务效果不佳，不仅会给知识需求方造成一定损失，而且会给整个航空复杂产品项目带来巨大损失。因此，可以要求违约金与给予知识服务方的预期报酬一样高。

在第二种情况下，知识需求方可以要求初始保证金为 0，甚至可以利用自身在航空复杂产品项目上的资金优势或者熟悉度，在项目上给知识服务方指引知识服务方向或者给予一定的指导，以加强双方之间的信任程度，进一步构建深层次合作信任关系。

以上主要是出于对极端情况的考虑，最优合同设计则是综合以上两种情形进行分析。所以基于模型的分析，知识需求方需要对以下所面临的规划问题求解：

$$\max_{(t_i, r_i)} \left\{ \beta \left[t_H + \frac{\theta_H^2 (R - r_H) r_H}{c} \right] + (1 - \beta) \left[t_L + \frac{\theta_L^2 (R - r_L) r_L}{c} \right] \right\} \tag{8-40}$$

$$\text{s. t.} \begin{cases} \dfrac{[\theta_H(R - r_H)]^2}{2c} - t_H = \dfrac{[\theta_L(R - r_L)]^2}{2c} - t_L \\ \dfrac{[\theta_L(R - r_L)]^2}{2c} - t_L = 0 \end{cases} \tag{8-41}$$

此时，只有低能力知识服务方的个人理性约束（IR）和高能力知识服务方的激励相容约束（IC）为紧约束。

因此，运用这两个紧约束从式（8-40）中消去 t_H 和 t_L，得到 r_H 为 0（与仅存在道德风险情况下一致）。

得到：

$$\frac{(\theta_H^2 - \theta_L^2)(R - r_L)^2}{2c} \tag{8-42}$$

r_L 的一阶条件由于涉及通常的权衡关系，结果为：

$$r_L = \frac{\beta(\theta_H^2 - \theta_L^2) R}{\beta(\theta_H^2 - \theta_L^2) + (1 - \beta)\theta_L^2} > 0 \tag{8-43}$$

式（8-43）表示低能力知识服务方扭曲程度大于 0。最优合同菜单对高能力知识服务方不存在努力—供给上的扭曲，但对低能力知识服务方却存在向下的扭曲，因为这样可以减少高能力知识服务方的信息租金。

由式（8-43）可知，此时知识服务方的能力差异（$\theta_H^2 - \theta_L^2$）、知识服务方未来取得的收益（R）和先验概率（β）与低能力知识服务方违约金（r_L）都为正相关关系。

从模型的求解与分析可以看出，当道德风险与逆向选择问题同时存在时，项目的知识需求方在合同设计上可以考虑：对高能力的知识服务方，违约金设计可以与纯道德风险情况下一致；而对低能力的知识服务方，违约金的设计主要考虑以下因素的影响：第一，知识需求方的先验概率。β 越大，r_L 越大，t_H 越多。第二，知识服务方的能力差异。$\theta_H^2 - \theta_L^2$ 越大，r_L 越大，t_H 越多。第三，知识服务方未来取得的收益 R。R 越大，r_L 越大，t_H 越多。

8.6 基于声誉激励的关系合同治理模型

8.6.1 模型假设

在第8.3节模型假设的基础上，增加一些变量的描述，做出以下假设：

假设1：知识服务方在每一次知识服务中的表现都会被记录，且服务表现报告会在知识服务网络中传递，所以会对其未来承接其他知识服务项目产生影响，由此产生声誉收益。

假设2：声誉对于知识服务方可以产生激励作用，激励强度记为 γ，$\gamma \geq 0$；δ 表示为知识服务方的贴现因子，$\delta \geq 0$。知识服务方获得的声誉收益为 $\gamma \delta^n B$，n 为合作期数。

假设3：鉴于声誉的正向作用，知识服务方在现阶段会加大维护自身声誉的力度，以期通过提供优质服务来扩大自身声誉的影响力。

8.6.2 模型建立与求解

基于前边内容的探究分析，本小节结合假设部分建立模型，求解出知识服务方与知识需求方的确定性等价收益以及知识服务价值。

此时，CE_s 为：

$$CE_s = Eu - \frac{1}{2}\lambda\beta^2\sigma^2 - \frac{1}{2}\lambda\gamma^2\sigma^2 = \alpha + \beta AX_1^p X_2^q X_3^{1-p-q} - \frac{1}{2}\sum c_i X_i^2 +$$

$$\frac{\delta(\delta^n - 1)}{\delta - 1}\gamma AX_1^p X_2^q X_3^{1-p-q} - \frac{1}{2}\lambda\beta^2\sigma^2 - \frac{1}{2}\lambda\gamma^2\sigma^2 \tag{8-44}$$

其中，$\frac{1}{2}\lambda\beta^2\sigma^2$ 为知识服务方的风险成本；$\frac{1}{2}\lambda\gamma^2\sigma^2$ 为知识服务方在知识服务中考虑声誉收益时所付出的风险成本。

知识服务方获得的声誉收益呈隐性，知识需求方不再支付额外费用。因此知识需求方的报酬函数没有发生改变，为：

$$CE_d = E[Q(X_1, X_2, X_3) - Y(X_1, X_2, X_3)] = AX_1^p X_2^q X_3^{1-p-q} - (\alpha + \beta AX_1^p X_2^q X_3^{1-p-q})$$

（8-45）

整个的知识服务价值为：

$$CE = CE_s + CE_d = AX_1^p X_2^q X_3^{1-p-q} - \frac{1}{2}\sum c_i X_i^2 + \frac{\delta(\delta^n - 1)}{\delta - 1}\gamma AX_1^p X_2^q X_3^{1-p-q} - \frac{1}{2}\lambda\beta^2\sigma^2 - \frac{1}{2}\lambda\gamma^2\sigma^2$$

（8-46）

所以，本章引入声誉的激励机制可转化为解决下列最优化问题：

$$\max(CE) = AX_1^p X_2^q X_3^{1-p-q} - \frac{1}{2}\sum c_i X_i^2 + \frac{\delta(\delta^n - 1)}{\delta - 1}\gamma AX_1^p X_2^q X_3^{1-p-q} - \frac{1}{2}\lambda\beta^2\sigma^2 - \frac{1}{2}\lambda\gamma^2\sigma^2$$

（8-47）

s. t. （IC）：

$$X_i \in \arg\max\left\{AX_1^p X_2^q X_3^{1-p-q} - \frac{1}{2}\sum c_i X_i^2 + \frac{\delta(\delta^n - 1)}{\delta - 1}\gamma AX_1^p X_2^q X_3^{1-p-q} - \frac{1}{2}\lambda\beta^2\sigma^2 - \frac{1}{2}\lambda\gamma^2\sigma^2\right\}$$

（8-48）

可得：

$$\beta^{**} = \frac{1}{A^2\left(\dfrac{p}{c_1}\right)^p\left(\dfrac{q}{c_2}\right)^q\left(\dfrac{1-p-q}{c_3}\right)^{1-p-q} + \lambda\sigma^2}$$

（8-49）

$$\gamma = \frac{1}{\dfrac{\delta - 1}{\delta(\delta^n - 1)}\lambda\sigma^2 A^{-2}\left(\dfrac{c_1}{p}\right)^p\left(\dfrac{c_2}{q}\right)^q\left(\dfrac{c_3}{1-p-q}\right)^{1-p-q} - \dfrac{\delta(\delta^n - 1)}{\delta - 1}}$$

（8-50）

8.6.3 模型分析

结论5：当知识服务方的综合能力水平高于一定阈值时，声誉收益可以显著降低知识需求方在知识服务进度、成本以及服务质量上给予的显性激励强度，从而进一步减少知识需求方的激励成本。

证明：当知识服务方不考虑未来声誉所产生的影响时，最优激励强度 β^* 为：

$\beta^* = \dfrac{1}{1 + \lambda\sigma^2 A^{-2}\left(\dfrac{c_1}{p}\right)^p\left(\dfrac{c_2}{q}\right)^q\left(\dfrac{c_3}{1-p-q}\right)^{1-p-q}}$，因此，当考虑未来声誉影响时，最优激

励强度为 $\beta^{**} = \dfrac{1}{A^2 \left(\dfrac{p}{c_1}\right)^p \left(\dfrac{q}{c_2}\right)^q \left(\dfrac{1-p-q}{c_3}\right)^{1-p-q} + \lambda\sigma^2}$。

由结论 4 可知，当其他条件保持不变时，β_i 是 $\sum c_i$ 的减函数。

所以，令 $J = \left(\dfrac{c_1}{p}\right)^p \left(\dfrac{c_2}{q}\right)^q \left(\dfrac{c_3}{1-p-q}\right)^{1-p-q}$ 是关于 p、q 的幂指函数，因此有：

$$\beta^* = \frac{1}{1 + \lambda\sigma^2 A^{-2} J} \tag{8-51}$$

此时，J 越大 β 越小。

对结论 4 求解可得：当 $(p^*,\ q^*) = \left(\dfrac{c_1}{c_1+c_2+c_3},\ \dfrac{c_2}{c_1+c_2+c_3}\right)$ 时，$J = \left(\dfrac{c_1}{p}\right)^p \left(\dfrac{c_2}{q}\right)^q$

$\left(\dfrac{c_3}{1-p-q}\right)^{1-p-q}$ 取得其极大值点，此时解得极大值 $J = c_1+c_2+c_3$。因此：

$$\beta^* - \beta^{**} = \frac{A^2 \left(\dfrac{p}{c_1}\right)^p \left(\dfrac{q}{c_2}\right)^q \left(\dfrac{1-p-q}{c_3}\right)^{1-p-q} - 1}{A^2 \left(\dfrac{p}{c_1}\right)^p \left(\dfrac{q}{c_2}\right)^q \left(\dfrac{1-p-q}{c_3}\right)^{1-p-q} + \lambda\sigma^2} \geq \frac{A^2(c_1+c_2+c_3) - 1}{A^2 \left(\dfrac{p}{c_1}\right)^p \left(\dfrac{q}{c_2}\right)^q \left(\dfrac{1-p-q}{c_3}\right)^{1-p-q} + \lambda\sigma^2}$$

$$\tag{8-52}$$

所以当知识服务方的创新能力、经营状况以及服务团队水平等指标达到一定要求时，如 $A^2 \geq 1/c_1+c_2+c_3$ 时，声誉收益可以有效减少知识需求方在知识服务进度、成本以及服务质量上所给予的显性激励强度，从而进一步减少知识需求方的激励成本；当 A 小于最低标准时，对于知识服务方而言考虑声誉收益则是负向的激励。在信息充分互换的市场下，航空复杂产品项目知识服务网络内的知识需求方在以后的知识服务中将不会再次选择此知识服务方。

结论 6：声誉激励强度（γ）与知识服务方风险规避系数（λ）、外部环境不确定性（σ^2）负相关，与知识服务方的综合能力水平（A）、知识服务方的贴现因子（δ）正相关。

证明：由式（8-50）可得：

$$\frac{\partial\gamma}{\partial\lambda} < 0,\ \frac{\partial\gamma}{\partial\sigma^2} < 0,\ \frac{\partial\gamma}{\partial A} > 0,\ \frac{\partial\gamma}{\partial\delta} > 0 \tag{8-53}$$

从式（8-53）可以看出，γ 与 δ 正相关，即当知识服务方选择较高的 δ 时，意味着他会更加关注长期收益，同时为了在未来能获得长期的利益，他也会更关注自身声誉。

8.7　研究启示

第 8.3 节引入合同治理模式，通过构建显性合同、关系合同并辅以激励机制能够有效地降低合作双方信息不对称程度，并通过激励机制提高知识供给方的期望收入，防范"隧道行为"；知识需求方对于知识供给方的激励，能够在知识供给方风险规避程度较低、努力成本系数较低以及外界环境不确定性低的情况下取得较大的效果；关系合同的建立能够有效地将未来收益赋予当前知识供给方，从而提高项目整体效益。值得注意的是，只有当知识供给方的综合能力水平达到一定程度，且在项目中的表现能够满足项目知识需求方的最低要求时，知识需求方和知识供给方才能通过长期友好的合作关系获取长期收益。

因此，关系合同建立在知识需求方对知识供给方充分了解的基础上，从根本上减少或消除信息不对称。这就要求政府部门充分发挥引导作用，加强项目行业信息公开制度建设，推动知识供给方信用体系构建，完善相关法律法规，形成政府治理与合同治理的良性互动，从而推动我国航天复杂产品项目整体治理能力的提升。

第 8.5 节建立了一个模型，讨论道德风险和逆向选择共存时，知识服务方（或知识共享方）的最优合同设计。假设知识服务方（或知识共享方）和知识需求方都是风险中性。知识服务方根据需求对知识进行加工和创造，从知识需求方获得的收益依其提供的服务内容和质量而定。具体的启示如下：

第一，建立"质押"机制，强化约束功能。正如上面最优合同所揭示的，知识需求方在进行知识服务合同制定时，可以采取两种手段来建立"质押"机制：一是收取初始保证金；二是当知识服务方违约时收取违约金。进行合同设计时，可以把这两点写进合同，从而形成强有力的"质押"约束机制，以降低知识服务方的道德风险。

第二，完善知识服务合同条款。在制定知识服务合同时，需要详细进行调查分析，对潜在的"机会主义"行为需要在合同中制定相应的惩罚约束机制来予以规避；同时，需要在合同中明确合理双赢的知识收益分配机制，防止利益不均导致的寻租行为。

第三，完善监管体系，消除"机会主义"。知识需求方自身要有较高的知识服务质量的评估体系和监管能力，才能有效防范知识服务方的"机会主义"行为。同时，为了防范知识需求方的"机会主义"行为，知识服务方需要建立知识外泄的评估、监管和惩罚机制。

第四，慎选合作伙伴，降低交易成本。知识服务不同于一般的产品服务，要求知识服务方有较强的知识加工和知识创新能力，这为合作伙伴的选择增加了难度。同时，由于信息的不完全或信息的不对称，在进行知识服务合同签订时需要产生较大的事前和事后交易成本，合同签订之前的成本有搜寻费用，谈判成本、订约成本；合同签订之后的成本有监督成本、履约成本、对方违约后的诉讼成本等。因此，需要慎重选择合作伙伴，如果合作伙伴选取得当，就能极大地降低事后的交易成本。

第五，提升合作层次，建立伙伴关系。知识服务的合作是有层次的，可以根据合作的逐步深入，建立更深层次的合作关系，从而有利于建立良性互动的共生共进联盟，达到减少合同签订和执行费用的目的。

第8.6节探究了基于隐性激励下的知识服务网络合同治理，建立基于服务合同期延长的隐性合同，分析了声誉在其中所起到的激励作用。通过本节的探究，可得出以下结论与启示：

第一，航空复杂产品项目内的知识需求方对知识服务方进行激励强度设计的过程中，应对知识服务方进行全面的考量和评价。①详细评析知识服务方的风险规避程度，若程度较低，知识需求方需要增加对知识服务方的激励强度，并且可以获得更好的效果；反之，知识需求方就不需要对知识服务方进行过多激励。②随着外界环境不确定性的增大，知识需求方对知识服务方的激励效果往往会趋于减弱。③对于努力成本系数较低的知识服务方，知识需求方可以提供较高强度的激励，这样可以激励知识服务方的边际努力水平得到很大的提高。④航空复杂产品项目内的知识需求方在引入声誉机制对网络内的知识服务方进行激励的过程中，应根据知识服务方在每一阶段的所展现出的声誉，适时调整激励强度，以防止不合理的收益分配给知识需求方的利益造成损失。

第二，关系合同建立在知识需求方充分了解知识服务方的基础上，可以从根本上减少或消除信息不对称。只有当知识服务方的综合能力水平达标，并且在知识服务中的表现能达到知识需求方的最低要求时，双方才能通过深层次、友好的合作关系来获得长期的收益。因此，这也就要求政府部门必须充分发挥指导作用，加快航空复杂产品项目信息公开制度建设，进一步完善相关法律法规，形成政府治理与航空复杂产品项目知识服务网络合同治理的良性互动，从而提升我国航天复杂产品项目整体治理的能力。

第三，必须处理好短期激励和长期激励的关系。航空复杂产品项目知识服务网络内的知识需求方可以与知识服务方保持一种长期且相对稳定的合同关系，并在一系列的短期合同中采取分阶段评估、分期支付报酬的形式来实现，以弥补一次性合同激励的不足。

第四，对于航空复杂产品项目知识服务网络中的知识服务方来说，只有将合同的显性激励与声誉的隐性激励相结合才能对其产生最大的激励效果。显性激励作为一种短期的激励，一旦合同终止，知识服务方会马上停止努力工作的积极性；而隐性激励是长期激励，但是实现隐性激励的作用也需要满足一定的条件。因此，必须构建具有声誉效应的、运转良好的市场，并且声誉评价体系科学、可靠，才能产生有效的激励机制。为此，应在航空复杂产品项目知识服务网络中建立相对完善的声誉评价体系。

第9章 航空复杂产品项目知识服务网络的行为治理

9.1 问题的提出

在网络的运行中，网络中各主体难免有行为失范的方面，对于航空复杂产品项目而言，这种行为失范增加了项目的风险，会导致项目成员的效率损失（符加林，2008）。规范的主体行为有利于航空复杂产品项目的圆满完成，只有规范有序的知识服务网络，才能为项目提供充足的知识选择对象。航空复杂产品项目知识服务网络的行为治理是指为有效规范网络主体的行为，减小项目风险，项目中各主体对整个项目知识服务网络中的行为进行约束监督、激励、控制和协调的一整个过程安排。在航空复杂产品项目知识服务网络中，由航空复杂产品设计开发商、制造商、供应商、销售商、客户、情报咨询机构、科研院所等机构及其知识型员工组成了主要节点。在这些节点之间，往往存在合作方信息不对称、顾客需求变化、资金投资不确定等问题。由于在航天复杂产品项目中，竞争性的企业间往往难以达到合作的目的，由此产生一系列矛盾，在这些网络运行中，如拒绝加入知识服务网络，知识共享敌意行为、炒信行为、投机行为，以及"搭便车""敲竹杠"等机会主义行为，这些问题严重影响了项目以及知识服务网络的有效运行。以下主要针对拒绝加入知识服务网络和知识共享敌意行为这两大行为进行分析并提出相关的治理措施。

9.2 拒绝加入知识服务网络

近年来，战略新兴产业受到国家的重视，航空复杂产品项目作为战略新兴产业获得了新的发展机遇。由于航空复杂产品项目涉及的结构、加工工艺、制造过程、生产控制等较为复杂，需要不同企业、不同领域甚至不同国家的研究人员通过合作完成。航空复杂产品项目的主体由于所掌握的知识存在差异，因此在合作过程中会形成一个知识服务网络，来提高他们的效率，从而获取更高的利润。

在航空复杂产品项目中，航空复杂产品项目主体从自我利益出发，如担心知识外泄，不愿意进行知识的外部流动甚至知识共享，不愿意整体加入知识服务网络，但从整体系统最优来看，对于各方来说，航空复杂产品项目主体全部加入知识服务网络是利益均衡比较理想的状态。

多人合作博弈中的效益分配或费用分摊问题与现实的经济活动有着密切的关系。比较典型的例子有：横向经济合作企业中的效益分配问题以及资金重组过程的利益分配；大气污染总量控制优化治理投资的费用分担；联合修建污水处理厂的建设费用的分担；联合投资企业破产以后所发生的债权如何进行分摊等。由于这类问题涉及的资金总额较大，比较敏感，只有处理好这类问题才能够保证合作项目的成功。因此，如何形成多人有效率的合作博弈，关键是能够给出一个合理的利益分配方案。对合作博弈来说，有两个非常重要的解：Shapley 值和核仁。本书主要使用 Shapley 值来解决航空复杂产品项目的收益问题，通过求解航空复杂产品项目中知识服务方和知识需求方在合作后各方的 Shapley 值，找出航空复杂产品项目中知识服务方和知识需求方合作的均衡点，以使得各个知识服务方和知识需求方能获得最大的收益，从而使合作稳定进而创造更大的收益。

9.2.1 基于 Shapley 值的合作博弈模型构建与分析

在多人合作博弈中，联盟是一个非常重要的概念。航空复杂产品项目的知识服务网络就是知识服务方和知识需求方达成有约束力的承诺或约定形成的联盟。

设有 n 个主体的集合 I = $\{1, 2, \cdots, n\}$，是航空复杂产品项目知识服务网络的知识服务方和知识需求方，也是合作中决策的主体，$i \in I$ 表示第 i 个主体。所有航空复杂产品项目知识服务网络的全体知识服务方和知识需求方记为 R（N），$|S|$ 表示航空复杂产品项目知识服务网络的知识服务方和知识需求方 S 中的主体的数量。假设航空复杂产品项目知识服务网络的知识服务方和知识需求方 S 是主体 I 的一部分（即 $S \subseteq I$），航空复杂产品项目知识服务网络的知识服务方和知识需求方能提前达成有约束力的应诺或合约，"保证"每个知识服务方和知识需求方能够不违背达成的合约，选用一个知识服务方和知识需求方在博弈中分担总和最大的策略，使得分析更简化。假设一个航空复杂产品项目知识服务网络如果一旦形成，在整个合作博弈的过程中就会保持稳定。

相对于标准式博弈，在合作博弈中能起类似作用的是特征函数表达式，特征函数表达式对 n 个知识服务方和知识需求方参与合作博弈的每一种可能航空复杂产品项目知识服务网络都能够给出相应的航空复杂产品项目知识服务网络效益，即给出了一种集合函数，来描述合作的收益。对任意一个子集 $S \subseteq I$，定义实函数 V（S）满足条件：

①V（$\varnothing$）= 0，$\varnothing$ 表示空集；

②当 $S_1 \cap S_2 = \varnothing$，$S_1 \subset I$，$S_2 \subset I$，V（$S_1 \cup S_2$）$\geq$ V（S_1）+V（S_2）。

条件①表示如果没有知识服务方和知识需求方参与合作，那么合作的收益将为 0，这个条件显然成立。条件②表示航空复杂产品项目的最大收益不少于各方单干时所得的最大收益之和，即合作至少不比单干差。当且仅当合作后项目的总收益大于知识服务方或知识需求方单独经营时的收益之和，并且在所有参与航空复杂产品项目知识服务网络的知识服务方和知识需求方中每个知识服务方或知识需求方能够获得的收益不小于不参加航空复杂产品项目知识服务网络时的收益时，知识服务方和知识需求方才能达成合作，否则，航空复杂产品项目知识服务网络就不会形成。因为合作博弈的前提是形成航空复杂产品项目知识服务网络，故此条件成立。

（1）航空复杂产品项目知识主体收益分配模型。

假设航空复杂产品项目知识服务网络中的知识服务方和知识需求方的个数为

N个，且每一个知识服务方或知识需求方都可单独或与另一个知识服务方或知识需求方合作进行某项技术开发。对于某一知识服务方或知识需求方 i（i∈N）而言，其独立运营的收益为 γi，航空复杂产品的知识服务方或知识需求方 S 的所得收益为 V（S）。其中，当 1<S<N 时，航空复杂产品项目由 S 个知识服务方或知识需求方结成的联盟与联盟购买的其余的 N−S 个知识服务方或知识需求方的服务所构成。将所有的航空复杂产品项目的知识服务方或知识需求方 S 都算出 V（S），就得到航空复杂产品中一个合作博弈 [I，V]，求解该合作博弈即可将航空复杂产品项目在合作后获得的总利润分配给各知识服务方或知识需求方。博弈 [I，V] 需要满足以下几个基本条件：

1）对称性原则。

关键因素是寻找某种合理的分配原则，能够达成在形成航空复杂产品项目知识服务网络内部的知识服务方或知识需求方的利益不与其在集合 I= {1，2，…，n} 中的排列位置相关。

2）有效性原则。

若知识服务方或知识需求方 i 对其参加的任一合作都无贡献，则给他的分配应为 0。数学表达式为：任意 i∈S⊆I，若 V（S）−V（S/ {i}），则 φ_i（V）= 0。完全分配则为：$\sum_{i \in \bar{I}} \varphi_i$（V）= V（I）。

3）可加性原则。

对 I 上任意两个特征函数 U 与 V，Φ（U+V）= Φ（U）+Φ（V）。

可加性原则表明，n 个知识服务方或知识需求方同时参与两个互相不影响的航空复杂产品项目中，知识服务网络，在两个航空复杂产品项目中，知识服务网络的分配也应该互不影响，每个知识服务方或知识需求方的分配额是两项单独进行时应分配数之和。

（2）Shapley 值求解方法。

多人合作博弈中的收益分配问题与现实经济活动有着密切的联系，为了形成有效率的合作，关键是能够给出一个合理的收益分配方案。1953 年，美国运筹学家 Shapley 采用逻辑建模方法研究解决了这一问题，Shapley 值是基于主体的贡献这一指标而设计主体的分配。Shapley 值的计算公式如式（9-1）所示。

$$\varphi_i(v) = \sum_{i \in S \subseteq I} W(|S|)[V(S) - V(S/\{i\})], \quad i = 1, 2, \cdots, n \qquad (9-1)$$

其中，$W(|S|) = \dfrac{(n-|S|)!\,(|S|-1)!}{n!}$，$|S|$ 为航空复杂产品项目知识服务网络的知识服务方和知识需求方 S 的元素个数。

式 (9-1) 中，知识服务方或知识需求方 i 与前面 $|S|-1$ 个知识服务方或知识需求方形成航空复杂产品项目知识服务网络 S，由于 $S/\{i\}$ 中的知识服务方或知识需求方排列次序有 $(|S|-1)!$ 种，而 I/S 中的知识服务方或知识需求方的排列次序有 $(n-|S|)!$ 种，因此，各种顺序发生的概率均为 $\dfrac{(n-|S|)!\,(|S|-1)!}{n!}$；又因为知识服务方或知识需求方 i 在航空复杂产品项目知识服务网络 S 的贡献率为 $V(S)-V(S/\{i\})$，从而 $w(|S|) = \dfrac{(n-|S|)!\,(|S|-1)!}{n!}$，$i \in S \subseteq I$ 可以作为知识服务方或知识需求方 i 在航空复杂产品项目知识服务网络 S 的贡献 $V(S) - V(S/\{i\})$ 的一个加权因子。因此 Shapley 值被视为知识服务方或知识需求方 i 对于所有其可能参加的航空复杂产品项目知识服务网络能够做出贡献的加权平均值。

9.2.2　算例分析

假定有一航空复杂产品项目是由三个知识服务方和知识需求方共同参与某个项目，分别记为 A、B、C，其中，A 为知识服务方，B、C 为知识需求方。这三方如果全部加入就构成一个完整的知识服务网络，即 ABC 网络；如果知识服务方只与其中的一个知识需求方建立了合作关系，就构成了 AB 网络或者 AC 网络。

三方可以采取合作或者部分合作的方式，当合作成功后将获得相应的收益，知识服务方可以与知识需求方合作，知识需求方不能与知识需求方单独合作，若任意一方单干，则每一方仅能获益 10 万元；若 A、B 合作，可获益 70 万元，A、C 合作可获益 50 万元；若三方合作可获益 100 万元。在分配利益时应考虑与贡献联系起来。表 9-1 为此博弈的特征函数。

表 9-1　博弈的特征函数　　　　　　　　　　　　　　单位：万元

S	A	B	C	AB 网络	AC 网络	ABC 网络	∅
V（S）	10	10	10	70	50	100	0

由表 9-1 可知，三方合作时获利最大。我们利用 Shapley 值计算公式，可以分别计算在 ABC 知识服务网络中 A 方的分配值 φA_1（V）、B 方的分配值 φB_1（V）、C 方的分配值 φC_1（V），分别如表 9-2、表 9-3、表 9-4 所示。

表 9-2　A 方在 ABC 知识服务网络中的分配计算　　　　单位：万元

S	A	AB	AC	ABC
V(S)	10	70	50	100
V(S/{A})	0	10	10	0
V(S)-V(S/{A})	10	60	40	100
|S|	1	2	2	3
(n-|S|)!（|S|-1)!	2	1	1	2
W(|S|)	1/3	1/6	1/6	1/3
φA_1(V)	160/3			

表 9-3　B 方在 ABC 知识服务网络中的分配计算　　　　单位：万元

S	B	AB	BC	ABC
V(S)	10	70	0	100
V(S/{B})	0	10	10	50
V(S)-V(S/{B})	10	60	-10	50
|S|	1	2	2	3
(n-|S|)!（|S|-1)!	2	1	1	2
W(|S|)	1/3	1/6	1/6	1/3
φB_1(V)	85/3			

表 9-4　C 方在 ABC 知识服务网络中的分配计算　　　　单位：万元

S	C	BC	AC	ABC
V(S)	10	0	50	100
V(S/{C})	0	10	10	70
V(S)-V(S/{C})	10	-10	40	30
|S|	1	2	2	3
(n-|S|)!(|S|-1)!	2	1	1	2
W(|S|)	1/3	1/6	1/6	1/3
φC(V)	55/3			

因此，知识服务方和知识需求方在采取合作的方式后，所获得的总利润的分配方案为：A 的分配为 160/3 万元，B 的分配为 85/3 万元，C 的分配为 55/3 万元。

同样地，利用 Shapley 值计算公式，可以分别计算在 AB 知识服务网络中 A 方的分配值 $φA_2$（V）、B 方的分配值 $φB_2$（V），分别见表 9-5、表 9-6。

表 9-5　A 方在 AB 知识服务网络中的分配计算　　　　单位：万元

S	A	AB
V(S)	10	70
V(S/{A})	0	10
V(S)-V(S/{A})	10	60
|S|	1	2
(n-|S|)!(|S|-1)!	1	1
W(|S|)	1/2	1/2
$φA_2$(V)	35	

表 9-6　B 方在 AB 知识服务网络中的分配计算　　　　单位：万元

S	B	AB
V(S)	10	70

续表

S	B	AB
$V(S/\{B\})$	0	10
$V(S)-V(S/\{B\})$	10	60
$|S|$	1	2
$(n-|S|)!\ (|S|-1)!$	1	1
$W(|S|)$	1/2	1/2
$\varphi B_2(V)$	35	

因此，知识服务方 A 和知识需求方 B 在采取合作的方式后，所获得的总利润的分配方案为：A 的分配为 35 万元，B 的分配为 35 万元。因为 C 没有参与 AB 知识服务网络，所以 C 的收益为 10 万元。

再利用 Shapley 值计算公式，分别计算在 AC 知识服务网络中 A 方的分配值 φA_3（V）、C 方的分配值 φC_3（V），分别见表 9-7、表 9-8。

表 9-7　A 方在 AC 知识服务网络中的分配计算　　　　　单位：万元

S	A	AB
$V(S)$	10	50
$V(S/\{A\})$	0	10
$V(S)-V(S/\{A\})$	10	40
$|S|$	1	2
$(n-|S|)!\ (|S|-1)!$	1	1
$W(|S|)$	1/2	1/2
$\varphi A_3(V)$	25	

表 9-8　C 方在 AC 知识服务网络中的分配计算　　　　　单位：万元

S	C	AC
$V(S)$	10	50

续表

S	C	AC
V(S/{C})	0	10
V(S)−V(S/{C})	10	40
|S|	1	2
(n−|S|)!（|S|−1)!	1	1
W(|S|)	1/2	1/2
φC₃(V)	25	

因此，知识服务方 A 和知识需求方 C 合作后，所获得的总利润的分配方案为：A 的分配为 25 万元，C 的分配为 25 万元。因为 B 没有参与 AC 知识服务网络，所以 B 的收益为 10 万元。

通过比较 A、B、C 在分别在 ABC 知识服务网络、AB 知识服务网络、AC 知识服务网络中的收益，得到表 9-9 的 A、B、C 三方在知识服务网络中的收益情况。根据表 9-9，可以发现 A、B、C 三方参与知识服务网络后的收益会比单干时的收益更高，同时知识服务方 A 在参与 ABC 知识服务网络时收益最大，知识需求方 B 在参与 AB 知识服务网络时收益最大，知识需求方 C 在参与 AC 知识服务网络时收益最大。知识服务方与越多的知识需求方合作收益就会越高；而知识需求方在与知识服务方合作时，其他的知识需求方越少收益则越高。但是，若知识需求方不加入知识服务网络，则其收益较低，这也说明，从整体系统最优来看，对于各方来说，航空复杂产品项目主体全部加入知识服务网络是利益均衡比较理想的状态。

表 9-9　A、B、C 三方在知识服务网络中的收益情况　　　单位：万元

	A	B	C
ABC 知识服务网络	160/3	85/3	55/3
AB 知识服务网络	35	35	10
AC 知识服务网络	25	10	25

9.3 知识共享敌意行为

9.3.1 知识共享敌意

知识作为一种重要资源，对组织的发展具有重大影响力。在航天复杂产品项目中，设计的密集性和产品的复杂性导致了许多极度复杂、非常规化的任务的产生，生产和开发包含着许多反馈循环和其他无法预计的突发性，因此在项目实施过程中，大量知识在知识服务网络中流动，需要整合大量知识资源，提高知识服务网络的知识共享和创新能力，形成创造—共享—创造的知识有利局面。但是事实上，80%左右的知识管理的结果以失败告终，知识共享并未在组织中得到发展和维系。针对这一问题，学术界展开了研究，但同样遭遇了瓶颈。组织虽然采取各种措施来促进知识共享，但拥有异质知识的成员为保持自身独有的优势与地位而拒绝知识共享，于是陷入了个体利益与整体利益之间的困境。

社会困境理论认为，造成组织内知识共享难以推行的最主要原因是竞争与合作之间的冲突。"搭便车"行为在组织内是普遍存在的，在知识共享领域，存在众多"知识寄生虫"，即不需要努力就可以获得别人的知识，这就使得很多组织成员缺乏知识共享的动机，导致原本的合作行为转变为实质性的竞争行为，因此部分员工不愿意进行知识共享，也不愿利用他人共享的知识。从知识提供者的视角出发，不愿进行知识共享的行为被称为"知识囤积"；从知识接受者视角出发，不愿利用已共享知识的行为被称为"知识排斥"。知识囤积与知识排斥统称为知识共享敌意行为。Michailova 等（2012）将企业组织中员工不情愿知识共享的行为统称为"知识共享敌意"（Knowledge Sharing Hostility）。

（1）知识囤积。

知识囤积即不愿意共享知识而进行知识累积的行为。这种只进不出的行为是由以下三个方面的原因造成的：

首先，组织成员对既有优势的保护。知识不仅是组织发展的重要资源，更是成员获取利益、地位的重要途径与手段。因此，很多组织成员害怕一旦进行知识共享，原本属于自己的优势就不存在了，会威胁自身地位，减少自身利益与薪酬。按照这种逻辑，知识就相当于"杀手锏"，成员为了保持优势，不会选择自身知识的流失。在航空复杂产品项目知识服务网络中，知识是极其宝贵的资源，甚至关系到一个项目的成功与否，部分网络成员出于对自身网络优势、地位的保护，难以进行知识共享，使项目成员之间难以建立信任关系，影响项目的进度。

其次，不确定性的风险意识。知识共享与知识应用是两个环节、两套程序，即使成员进行知识共享，其他成员也不一定能够正确使用知识。因此，很多成员担心知识共享后的知识应用错误会祸及自身，引发领导者的不满，因此不愿进行知识共享。在航天复杂产品项目知识服务网络中，知识共享方可能是知识服务方，也可能是知识需求方。对于知识服务方来说，知识服务是其主要业务，知识需求方之间的知识共享可能损害知识服务方的利益；对于知识需求方来说，知识服务方之间的知识共享却有利于知识服务方进一步从事知识创造活动，知识需求方因此能享受更好的知识服务。

最后，知识共享成本付出。知识共享不是一个一说即通的过程，需要知识提供者放下手边的工作或者利用业余时间专门讲授，需要知识提供者消耗一定的时间与精力，这增加了成员的知识共享成本感知。从这个角度来说，知识共享就是共享成本与共享收益的对比结果，当成员认为共享成本大于共享收益时，成员的知识共享的积极性就下降了。

（2）知识排斥。

知识排斥也就是抵制外部、他人知识的行为，出现这一问题的原因主要是对他人知识的不信任。一项调查结果显示，大部分人对自身拥有的知识持"自负"态度，因此对他人的知识共享"不屑"。特别是占据组织绝对优势的领导者对员工所拥有的知识不在乎，因此多持排斥态度。还有部分员工认为他人共享的知识自己不熟悉或者说对自身的工作没有帮助，因此也不会花费时间进行学习。除了个人，团队对外界的知识排斥尤为突出，越是相对稳定的团队越不愿意吸收外界的知识，这种过度自信往往导致团队创新能力下降。在航天复杂产品项目知识服务网络中，知识共享敌意行为会降低网络内知识的利用效率，制约着知识应有价值的发挥，并且不利于网络内良好人际关系的形成，对网络关系绩效和项目绩效均具有削弱作用。

因此，领导者应进一步加强对组织内知识共享的重视，特别是要对知识共享敌意行为进行治理，构建良好的知识共享机制，提升知识价值与组织绩效。

9.3.2　基于人际关系视角的行为治理

知识共享行为是一种组织制度安排的结果，同时也是一种行为过程，行为治理通过影响个人的社会资本感知对其知识共享行为和知识共享敌意行为产生作用。在本土化组织情境下，人际关系属于社会资本的重要组成部分，行为治理将知识共享视为一种荣誉行为，不仅不会削弱个人或组织的社会地位，反而会提升其社会地位，从而促进个人或者组织的知识共享行为。

（1）行为治理。

行为总是与人们一定的目的、欲望、意识、意志相联系。可以说，行为就是人们在一定目的、欲望、意识、意志支配下所做出的外部举动。行为构成诸多学科研究的对象，但不同的学科对此研究的侧重点又各有不同。从心理学角度来说，行为，是有机体在各种内外部刺激影响下产生的活动。美国心理学家伍得渥斯（Woodworth）提出了著名的 S（Stimulus）-O（Organism）-R（Reaction）行为表示式，表示刺激—有机体—行为反应，认为有机体受到刺激后会产生行为反应。不同心理学分支学科研究的角度有所不同。生理心理学主要从激素和神经的角度研究有机体行为的生理机制；认知心理学主要从信息加工的角度研究有机体行为的心理机制；社会心理学则从人际交互的角度研究有机体行为和群体行为的心理机制。

行为治理强调组织成员行为的合理规范以及相互之间的协调和共同遵循。在知识服务网络中，虽然各利益主体因项目连接在一个网络中，但是各利益主体是理性的，都是追逐自身利益的主体，因此难免存在诸多失范行为。知识共享敌意行为就是失范行为的一种。知识囤积、知识排斥等知识共享敌意行为普遍存在于各类组织内部，对组织赢得竞争优势产生了极大的负面影响。

从长远看，知识共享有利于促进知识的流动，有利于网络的良好健康运行，加快形成创造—共享—创造的循环网络。下文主要从人际交往的视角研究知识共享敌意行为治理，促进成员之间的知识共享。

（2）人际关系视角下的知识共享敌意行为治理。

1）人际关系与知识共享。

项目各主体既是社会的一员，又是项目的一员，不管处于任何情境，个体都需要进行人际交往活动，而社会交往期望又是每个个体都具有的。从马斯洛需要层次理论来看，这种交往期望也是人的安全需求的一部分。对项目成员来说，人际交往是其获取资本与权力的重要途径。这都使得人际交往成为每一位项目成员所必需的，并且人际交往带来的利益越大，项目成员的需求也就越多，也就更愿意付出时间和精力用于人际关系的维系。人际关系对个体行为产生重要影响。在航空复杂产品项目知识服务网络中，成员之间更多的是合作关系，特别是项目成员之间存在的默契是有利于消除知识共享敌意行为的，并且某些工作任务需要知识共享，如果不进行知识共享反而会受到他人的排斥。良好的人际关系和信任关系的构建对于知识服务方和知识需求方来说都是有利的。一方面，信任关系能够减轻知识服务方的心理负担，使其愿意花费时间与精力进行讲解，不必担心知识误用所带来的责任；另一方面，对于知识需求方来说，能够增强其对知识服务方的信任与认可。因此，良好的人际关系能够同时减少知识囤积行为和知识排斥行为，促进知识共享。

2）行为治理与人际关系。

社会依赖理论认为，虽然人际关系是个体所必需的，但人际关系的构建并不是一个简单的过程。以知识共享为例，只有当项目成员克服知识共享中的困境时，才能够构建更为良好的人际关系网络。当然，这需要个体花费较多的成本。那么，个体是否愿意这样做？或者说，如何才能够使组织成员投入更多的时间和精力进行知识共享，以构建更为完善的人际关系网络？本书认为进行行为治理就能达到如此效果。行为治理与人际关系之间存在着密切联系，随着行为治理的深入，人际关系也会受到相应的影响。一是行为治理通过规章制度、机制设计等形式倡导知识共享与知识交换，项目成员的类似行为会促进人际关系网络的构建，并且对已经形成的人际关系网络具有巩固、维持的作用。二是采用柔性行为方式，相比规章、制度等刚性手段，在某种程度上行为治理更有利于人际双方实现信息和知识交换。另外，情感沟通、组织支持等手段能够降低人际关系网络破裂的风险。

3）行为治理与知识囤积。

其一，良性人际关系网络的构建也使得成员的优势地位保护欲望降低，从而进一步提升其知识共享动机。项目领导授权行为能够将成员纳入决策过程中，增强成员对项目发展的知情权，有利于降低知识共享的不确定性和风险，并且在很大程度上提升了成员的项目归属感，有助于成员忠诚度的上升，使其乐于进行知识共享而不是知识囤积。其二，文化、氛围、情感支持是领导者们常用的治理手段，这些方式有助于加强网络成员之间的信任关系，减轻成员对知识共享的担心，减少其知识囤积行为。信任在治理知识囤积过程中具有显著的作用。知识服务方与知识需求方之间的信任有利于双方之间建立高质量的交换关系，成员之间会产生回报感，因此会降低自身的知识囤积行为概率，促进知识共享行为。信任能够减少成员之间的相互猜忌和恶性竞争，降低成员对未来的担心和共享成本感知，也有利于知识囤积的减少和知识共享的增加。

4）行为治理与知识排斥。

激励理论认为，激励对个体行为具有重要的导向作用，相对于观念、思想来说，奖励对行为的影响更大。因此，当知识共享接受者在认识到接受知识与自身利益增长之间存在着某种联系时，自负心理的作用也就被大大削弱了，自然会参与到知识共享的过程中。

其一，项目规则与制度是成员必须遵守的，即使成员不愿意，也要对知识排斥进行控制，而在逐渐接受共享知识的过程中，成员在感受到工作效率的提升和体验到人际关系的和谐后，会逐渐抛弃自负心理，接受他人的知识共享。其二，项目领导者通过沟通与交流表明了自身对知识共享的期望，为了迎合这种期望，成员往往会主动减少知识排斥行为。相关研究也表明，领导者支持显著负向预测员工自负程度，能够提升员工的知识信任和人际信任水平。

对于知识需求者来说，学习是其参与知识共享的必要途径，这种学习机会为其与他人构建良好关系创造了条件。在学习过程中，知识服务方与知识需求方之间能够形成相互信任、相互尊重的关系网络，有利于知识需求者知识共享意愿的提升，其不仅会积极接受共享知识、减少知识排斥行为，而且会主动进行知识共享。

9.4　研究启示

第 9.2 节为基于 Shapley 值的航空复杂产品的合作博弈分析。首先明确合作博弈目的在于优化利益分配合理的航空复杂产品项目的知识网络，在提出合作博弈的相应假设的基础上，对航空复杂产品项目进行系统结构分析，确定和估计系统参数，进行相关说明，并建立合作博弈相关的方程式，对各参数变量、常量和函数等进行赋值，对航空复杂产品项目进行合作博弈，最终使得通过航空复杂产品项目的知识服务网络后的各个企业能够合理分配所得的利益，从而达成长期合作以获得更高利益。从模型可以看出，在利益分配方面，加入知识服务网络有利于项目内的各个主体，能够更好地进行长期合作。因此，项目各个主体应积极加入知识服务网络，杜绝加入网络的敌意行为。

根据第 9.3 节的分析，行为治理能够通过人际关系构建对知识共享敌意行为进行治理，或者说，行为治理与人际关系的共同作用是促进知识共享、提升知识价值的有效途径，对于航空复杂产品项目知识服务网络内的知识共享来说，各网络主体的项目领导者工作是重中之重，本节为各个主体的项目领导者工作提供了以下管理启示：

（1）加强对错误观念的治理。意识影响行为，因此，我们需要摈弃不正确、阻碍我们前行的观念。如今全社会已迈进大数据时代，随着信息技术以及科技的快速发展，每个主体都应该具备与时俱进的观念。由于航空复杂产品项目涉及的结构、加工工艺、制造过程、生产控制等较为复杂，需要不同企业、不同领域甚至不同国家的研究人员通过合作才能完成整个航空复杂产品项目，而我们每个人所掌握的知识却是有限的。因此，项目内各个主体不能只固守旧知识，更不能只进行知识的内部流动，应不断利用知识服务网络进行知识的学习、共享、创新，以便更好地完成项目、更好地融入社会、更好地发展。第一，领导者自身需要做出改变，发挥榜样作用。在工作中积极学习、利用外部知识，同时愿意进行知识共享，并以身作则，从日常行为的点点滴滴，让全体员工上下受到潜移默化的影响。第二，营造良好的知识共享氛围，比如定期进行知识竞赛，让员工自身发现知识不足，从自身做出改变。第三，制定合理的激励方案，比如将一些大项目从内部竞选而不是给到某个负责人的方式，从而激励全体员工积极进行竞选，能者居之。

（2）加强对知识囤积行为的治理。第一，各网络主体的项目领导者要明确知识服务网络管理的目标与宗旨。要形成系统化的知识服务网络管理体系，并且将管理目标细化与下放，保障每位员工都能够体会到组织和领导者的期望，增强加入知识服务网络与进行知识共享的荣誉性，提升员工对行为的功效感知和利益感知，减少其知识囤积行为。第二，实施工作任务导向机制。根据项目任务分配给每位员工一定的跨部门、跨团队任务，并且规定相应的时间，使工作压力倒逼员工积极获取内外部知识，提升知识的利用率，同时保障项目工作效率，提高项目的工作进度。第三，减少知识共享成本。共享成本过高是知识服务者选择知识囤积的主要原因，如对"知识寄生虫"的担心、知识误用风险、责任追究等。针对此情况，项目领导者应采取相应的保障措施，如构建网络内的知识产权保障机制，对不劳而获或者侵权的行为进行惩处；明确界定责任，对知识应用过程中出现的问题要查清原因，与知识服务者无关的不予追责。这些措施可降低成员知识共享的心理压力与成本感知，激发其知识共享动机。

（3）加强对知识排斥行为的治理。第一，将利用外部知识作为激励内容之一。各网络主体的项目领导者可在子项目组员工内设立相应的奖项，给予利用外部知识取得工作绩效的员工相应的奖励，从而有效调动子项目整体利用外部知识的积极性。在这个过程中，需要注意以下几点：一是外部知识的价值以及其是否可以重复利用；二是子项目组是否可对外部知识的利用情况进行监控；三是奖励与监控结果的一致性。要保证真正有价值的外部知识能够为项目发展做出贡献。第二，重点对管理者的知识排斥行为进行治理。一方面，采取轮岗互换的手段强化管理者的角色与责任担当，履新领导者在新的岗位上需要进行学习与培训。在航空复杂产品项目中，要减少项目各主体的领导者碍于情面而排斥各成员的知识的行为。另一方面，加强对管理者的监督。组织内部中，对刚愎自用的项目管理者，组织可给予相应的惩处。第三，营造良好的知识服务网络信任氛围。知识排斥的主要原因是不信任，因此，项目内各主体的项目领导者要在知识服务网络范围内构建相互信任的关系与气氛，从而减少知识排斥行为。

（4）构建与完善信任人际网络。人际关系对加入知识服务网络和知识共享具有重要的促进作用，在行为治理影响敌意行为的过程中发挥着重要的中介作用，因此，构建高信任人际关系是积极加入知识服务网络、提升网络内知识共享频率的关键环节。第一，知识服务网络内的项目领导者要起到表率与示范作用，通过授权、情感沟通、工作支持等方式展现对自己员工的信任，赢得员工的支持，构建高质量的领导—员工交互关系，从而使员工能够朝着领导者期望的方向努力。知识共享就是知识服务网络内的项目领导者希望各自员工能够展现的行为，在了解了这一点之后，员工也会增加知识共享的内驱动力，从而营造良好的知识服务网络内整体的知识共享氛围。第二，促进子项目成员之间信任关系的建立。项目领导者要建立团队考核机制。也就是说，不仅要对员工个人的绩效进行评估，还要在团队整体绩效的基础上对员工进行奖惩，通过这种方式提升员工之间合作的积极性，迫使员工转变对获取外部知识以及知识共享的态度。在航空复杂产品项目知识服务网络中，项目内各个主体之间也要多创造共同工作的机会，增加项目成员之间的关联度。

（5）构建与完善行为治理机制。行为治理既包含正式的制度和体制，也包括非正式的行为文化与氛围，是一种综合性的管理模式，但现阶段，部分项目领导者在进行行为治理时出现了一些问题，导致行为治理的低效率。因此，要进一步完善行为治理机制，提升行为治理绩效。第一，各项目领导者要弄清行为治理的内涵与特点，从而提升治理的有效性。这就要求领导者加强理论与专业知识的学习，与时俱进地对知识行为活动进行管理。第二，领导者要追求治理方式的平衡，对于正式行为治理与非正式行为治理，不可偏向一方。正式行为治理与非正式行为治理都是以积极加入知识服务网络、减少知识共享敌意行为为目标的，缺少哪一种方式，行为治理的效果都会大打折扣，只有促进制度、规则的正式行为治理与文化、氛围的非正式行为治理共同发挥作用，才能够从整体上实现知识共享—知识创造—知识共享的有利局面，最大限度地提升知识的使用价值。

第 10 章　案例实证研究

10.1　案例背景介绍

大型客机是典型的航空复杂产品，其研制过程复杂，零部件众多，涉及机械、电子、控制等多个领域，也是由不同领域和文化的研究人员相互协作，共同完成设计、研发、制造的任务的协同工作过程。C919 大型客机，是中国自主研制的大型客机，是由中国商用飞机有限责任公司（以下简称"中国商飞"）研制的 168-190 座级窄体干线客机。该项目由 19 个一级供应商组成，涉及跨领域、跨学科、跨机构、跨国境的知识获得、整合、转移与创造的过程，知识服务网络作为其竞争力的重要组成部分，提高研发团队知识服务水平是亟须解决的问题。C919 目前正处于项目工程发展阶段，本章以 C919 为例研究航空复杂产品项目知识服务网络治理，并提出切实可行的治理对策，从而进行知识服务网络治理。

C919 大型客机，是中国大飞机项目的首款型号、中国自主研制的新型 150 座级单通道窄体客机。C919 是由中国商飞作为主制造商，承担并统筹大型客机的自主研发、总装、商业运作和客户服务任务，其部件由 19 个主要的一级供应商提供，主要包括成都飞机工业（集团）提供机鼻段机身、中航工业洪都提供前后段机身、中航工业沈阳飞机工业（集团）提供机尾段机身、由 CFM International 提供涡轮扇叶发动机、由 Nexcelle 提供发动机罩含反推力装置等。C919 飞机的协作模式是"主制造商—供应商"（即"主—供"模式），中国商飞是主制造商，其他 19 个为一级供应商，另外还有很多个二级供应商。C919 大型客机的国内外供应商如图 10-1 所示。

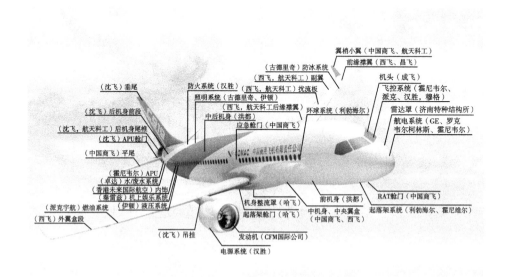

图 10-1　C919 大型客机的国内外供应商

资料来源：中国商飞。

10.2　项目知识服务网络的构建

在 C919 项目中，各个供应商处于不同的节点，而各个节点之间的关系也从之前的竞争关系转变为合作、互利的关系。除了主制造商和供应商，航空复杂产品知识服务网络还包括 C919 的研发机构、科研人员、合作高校等其他的节点。每个节点的生产制造过程不是独立的，复杂产品研发需要不同领域的知识和技能。为了提高航空复杂产品研发质量、降低产品研发成本、缩短开发周期，各个节点需要将散落的知识有效整合起来，这时就会用到其他节点的知识和技能。例如，联合技术公司（United Technologies Corporation，UTC）负责研发设计 C919 的电源系统，除了要考虑飞机单机运营的现金成本，还要考虑飞机的重量与油耗。而作为电源系统的供应商，UTC 需要跟主制造商进行充分的沟通，以了解他们技术的关键点与要求，基于此进行产品设计。各个节点也就形成了 C919 项目知识服务网络。U 表示主制造商，即中国商飞，A 到 D 表示不同的研发机构，E 到 I 表示不同合作高校，J 到 M 表示不同的供应商，N 到 R 表示不同科研人员，S、T 表示不同的二级供应商，具体如图 10-2 所示。

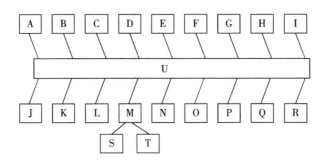

图 10-2　C919 项目知识服务网络结构

如图 10-2 所示，各个节点组成了知识服务网络，而每个节点对应的供应商组成了这个航空复杂产品项目的整个团队，中国商飞作为主制造商即这个知识服务团队中的核心成员，其他的各级供应商和研发机构、科研人员都是这个项目团队的成员。航空复杂产品项目团队在知识服务方面存在若干问题，阻碍了各成员的知识服务。根据第 9 章建立的模型，提高各成员的努力水平、控制知识服务成本，需要从制度约束、组织环境、激励机制、信任与合作、技术支撑角度进行，从而进行知识服务网络治理。

10.3　项目知识服务网络的运营

作为中间性组织的一种形式，航空复杂产品项目知识服务网络具有更加特殊的属性：一是具有基于知识的互补性。航空复杂产品由于其研制过程复杂，零部件众多，涉及众多领域等特点，因此不可能由某个单一的公司完成，C919 也是由中国商飞和其他多个供应商组成项目组一起完成。这些供应商在知识方面存在相同之处，但更多的是存在互补性，只有进行知识服务才能更好地完成项目任务。二是知识服务网络具有明确的核心成员。中国商飞有能力控制价值流路径的信息和资源，并管理整个网络流程以及知识和信息在网络中的分配，其他成员所拥有的知识往往需要通过中国商飞高效地进行知识服务网络治理才能充分地展示出来。三是相对稳定的动态性。航空复杂产品项目知识服务网络成员之间的结合表面上看起来是基于市场机遇的暂时性选择，但实质上是构建成员之间长期稳定的战略伙伴关系而实现价值的共同创造与共同分享，具有更加稳定的特性。

10.4　项目知识服务网络的治理

10.4.1　C919 项目知识服务网络的治理问题

（1）知识服务网络中的道德风险与逆向选择危机。

由于知识服务网络本身是不具备法人地位的，而趋利避害是人的本性，当项目组成员自己的利益与其他成员出现矛盾时，这个成员自然而然会做出对自己有利的选择，因此出现两种道德风险问题：一种是因为契约不完备造成的知识服务网络内部成员各方的非合作博弈；另一种是虽然成员间已经签订合同，但因不认真履行合同而导致的逆向选择。逆向选择危机产生于中国商飞在选择供应商时，并不能完全认识清楚潜在合作伙伴的条件禀赋与实际情况，造成水平较低或者是不符合要求的合作伙伴成为知识服务网络成员。

（2）知识服务网络成员之间的信任危机。

C919 项目知识服务网络成员之间的信任危机主要来源于三个方面：一是信任建立的缓慢性。知识服务网络的成员工作地点较为分散，交流机会较少，从而使信任的建立相对缓慢。二是信任维系的困难性。组织中各成员好不容易建立起来的信任可能因为某些原因而全部破裂，信任一旦被破坏想要再建立起来又需要很长的一段时间。三是潜在的风险性。知识服务网络中信任的建立与发展始终蕴含着巨大的风险。比如，其他成员很可能由于利益的吸引而离开原来的项目组，从合作者变为竞争对手。

10.4.2　C919 项目知识服务网络的网络治理模式

（1）网络治理及其与传统治理模式的区别。

在网络经济条件下，治理环境的改变导致治理任务所需要的路径发生改变，以至于治理形式的转变，网络治理这种新的模式便形成了。网络治理是指正式或非正式的组织和个体通过经济合约的联结与社会关系的嵌入所构成的以企业间的制度安排为核心的参与者间的关系安排。知识服务网络治理是一种新兴的治理模式，与科层治理及市场治理模式有着明显的区别：一是网络治理的基础是各成员组织之间关系的协调和维护以及网络成员知识和信息的整合，既不是基于科层治理的命令与控制，也不是基于市场治理的投机与交易；二是网络治理的目标具有多元化，包括整合资源、协调各成员之间的关系、平衡成员利益等，以实现整体利益最大化；三是治理机制具多重性，信任机制、学习机制、协调机制、激励机制等内部治理机制等都是网络治理的重要机制。

（2）知识服务网络的网络治理模式。

通过对其组织形式方面的特征与治理问题的分析，航空复杂产项目组应选择正确的网络治理模型对其知识服务进行治理。在第 9 章中，我们通过建立知识服务形式化模型，得出知识服务带来的收益取决于成员在这方面的共同努力，影响成员努力水平的因素有收益分配系数和成本，而缺乏有效的知识服务机制可能会导致成员间出现"搭便车"的情况。因此，网络治理的最主要的是治理机制的构建与运行，根据机制设计理论，航空复杂产品项目的网络治理模式着眼于对航空复杂产品项目知识服务团队成员行为起到激励与约束作用的运行模式。航空复杂产品项目知识服务网络主要考虑两个方面：一是怎样更好地维持成员之间的关系，慢慢地建立起信任，从而利用各种知识更高效率地创造价值；二是防止内部成员的机会主义等非合作行为。前者强调灵活性与创造性，后者强调稳定性与高效性。基于此，建立了由柔性促进机制与刚性控制机制构成的系统，只有两者的有机组合和有效运用，才能平衡控制整个知识服务网络。

（3）C919 项目知识服务网络治理机制。

1）以合作为核心的柔性促进机制。

柔性促进机制的主要功能是协调和维护知识服务网络成员之间的关系，促进知识服务、整合与价值创造，同时保持网络的创造性。该机制由信任机制、激励机制与学习机制构成。构成该机制的三个柔性治理机制并不是独立运作的，而是在建立与运作过程中互相作用：信任机制是激励机制的基础与首要保障，信任机制与激励机制是学习机制的基础与前提，而学习机制的运行又能反作用于两者，通过知识服务进一步增强组织间信任与激励。

第一，信任机制。树立知识服务的价值观是人们看待事物的一种方式，决定了面对事物时人们表现的行为。在知识日新月异的环境中，知识成为一个人获取经济利益的资本，是团队在组织中地位和价值的保证。个人的专业性知识是使得个人与其他人不同的重要体现，保证了个人的不可替代性，因此也就保证了个人的地位和价值。在这种价值观念下，成员很自然地出于保护自己的目的保护隐性知识，这种意识阻碍着知识的传播和共享，成为知识服务的障碍。团队应该准确简练地提炼包含知识服务团队核心价值观，让所有团队成员认识到知识服务有益于团队的快速发展这个观念。让知识拥有者认识到在为他人提供知识服务的同时也可以学习到他人的知识，从而提高自身的知识储备和技能。

树立团队的共同愿景是团队为之奋斗的蓝图，是团队成员努力工作的共同目标，直接影响着团队的凝聚力。愿景的达成不是靠一两个团队成员就能完成的，需要团队的分工协作、共同努力，在达成愿景时，所有的团队成员都可以受益。因此，在共同愿景的驱动下，团队成员会自觉地为了目标互相协作、努力学习、积极沟通、彼此分享创造的知识。在这个过程中，知识服务具备了共同的应用场景与知识传播的条件，因此会加快知识的流动。从而提高团队的工作效益和核心竞争力。在航空复杂产品研发团队中，可以树立一个共同的愿景，为了这个美好的愿景大家共同努力，没有私心地贡献自己的知识，实现更好的知识服务。

知识服务网络中成员的信任程度直接影响着知识服务的质量。因此，建立良好的信任环境，营造诚信的文化氛围有利于知识服务。诚信的习惯的养成不是一朝一夕的，缺乏诚信的环境也难以养成诚信的习惯，诚信习惯的养成需要在诚信的环境中长时间地熏陶。因此，可以通过电子邮件、会议等方式定期向员工灌输诚信的理念，使团队成员逐步改正不诚信的行为，自觉遵守诚信的原则，这对于知识服务有直接的贡献。

第二，激励机制。激励是触发团队按照激励标准积极工作的动因，在航空复杂产品项目的激励体制中，关于知识服务的激励机制普遍较少，激励的形式单一，激励的效果也不显著。有效的激励可以强化研发团队成员知识服务，激发团队成员为了满足某种需求努力达成目标。缺少激励机制的保障，知识服务便缺少动因，因此需要构建知识服务的激励机制。对于知识的服务和创造活动，企业应该采取精神激励和物质激励相结合的方式，同时需要兼顾环境激励。

研发团队知识服务的主要形式是知识交流和知识转移，应围绕这两点制定有效的知识服务激励机制。在物质激励上，应该根据有较大贡献成员的需求量身定制，以满足其个性化的需求。在精神激励上，可以采取成果署名、荣誉奖章等方式，以使贡献者获得心理和精神上的满足。在环境激励上，应创造以人为主的工作环境，要求团队间互相配合、彼此信任、勇于贡献。总而言之，激励的作用一方面是对贡献者的奖励，另一方面是为其他团队成员树立榜样。其最终目的是提高研发团队知识服务的意愿和水平，以提高团队的核心竞争力。

第三，学习机制。在知识服务的过程中，学习是知识服务的主要部分，离开了学习，知识服务就无从谈起。因此研发团队要有持续学习的价值观，还要调动研发团队成员知识服务的积极性。研发团队落实持续学习的价值观需要核心成员鼓励其他成员非正式的沟通和接触；定期举办知识服务相关的培训，由内部成员举办讲座向其他成员展示在知识服务过程中获得的经验；定期为团队提供培训，给团队成员吸收共同知识的机会，使每个员工都有机会掌握团队的基础知识。另外，也可以通过由知识服务网络成员进行联盟或组织"自愿学习"小组组织工作现场会议，来共享这些知识，如中国商飞可以把自己吸收到的信息和知识传播给一级供应商，一级供应商再传播给二级供应商；如此不断进行下去，在以后的知识服务过程中效率也会大大提高。

2）以约束为核心的刚性控制机制。航空复杂产品项目知识服务网络刚性控制机制的主要功能是对网络中各成员的行为进行约束，防止成员之间的非合作行为和"搭便车"现象，有效地防止被套牢和信息溢出的风险，刚性控制机制由权力机制、声誉市场机制、监测约束机制等刚性治理机制构成。相对于柔性治理机制，刚性机制带有较高的强制性，在一定程度上能够更有效地处理在合作中出现的非合作问题。

第一，权力机制。作为核心成员，中国商飞不仅要控制信息流路径的知识和资源，还要帮助其他成员建立联结桥梁，这样中国商飞就产生了某种权力，并被其他成员共同认可与遵从。中国商飞凭借其权力影响其他成员的行为并对各成员进行组织、协调、监督和约束。此外，其他供应商都与中国商飞签订了协议，协议也可以作为一个较强的约束力。

第二，声誉市场机制。声誉市场作为解决知识服务网络成员的非合作行为甚至是道德风险问题是一个极高效的途径。在声誉市场存在的条件下，如果知识服务网络中某个成员有了投机主义的行为，那么他的"声誉"便很快地会被传播开来，其他成员与其合作的想法就会慢慢减少甚至消失，使其陷入极为不利的境遇。因此，就算投机主义行为对知识服务网络成员现阶段可能产生极高的利润，但是其也会考虑声誉对长期利益的影响从而不会随意触碰这个道德底线，而采取小心谨慎的态度。

第三，监测约束机制。刚性治理机制发挥作用的重要力量的另一个策略是进行公开的监测和公开的法律约束。为了更加清楚地了解网络中成员各阶段的行为，同时对其现在的行为进行约束，中国商飞可以选择一个特定的外部机构对各成员行为进行监测以及信息披露。另外，借助外部力量对成员企业的欺骗行为实施约束与惩罚，既包括实物性的，又包括对其进行疏远与隔离，如拒绝与有过不良记录的成员合作。

10.5　本章小结

航空复杂产品项目知识服务网络进行高效的知识服务意义重大。本书将研究对象设定为航空复杂产品项目知识服务网络，对航空复杂产品项目知识服务网络的构建和治理机制展开深入系统研究，应用机制设计理论，通过文献研究法，直接获取知识服务和网络治理相关理论、研究成果、研究方法；通过对机制设计理论的研究以及分析航空复杂产品项目知识服务网络的影响因素，进而建立知识服务机制形式化模型，并且考虑完全信息和不完全信息的两种不同情况，分析航空复杂产品项目团队知识服务激励机制，构建航空复杂产品项目知识服务网络治理机制。本书虽然构建了知识服务网络治理的机制，也以 C919 项目为例分析航空复杂产品项目知识服务网络的治理方法，但是还没有应用到实际的航空复杂产品项目进行验证，从而缺乏实际的可操作性。

知识服务网络是组织中实现知识共享、知识服务和知识管理的主要平台，构建知识服务网络已成为组织提升知识管理水平和增强核心竞争力的有效手段。各成员的努力水平决定了知识服务网络效率的高低，而对于隐性知识的知识服务努力水平却难以衡量，但是有效的知识服务网络治理带来的收益却是不可估量的，因此，航空复杂产品项目知识服务网络治理还有一条很长的路要走。

参考文献

［1］Hobday M，Brady T. Rational versus soft management in complex software： Lessons from flight simulation ［J］. International Journal of Innovation Management， 1998，2（1）：1-43.

［2］Gann D M，Salter A J. Innovation in projects-based service-enhanced firms： The construction of complex products and systems ［J］. Research Policy，2000，29 （7-8）：955-972.

［3］Siyam G I，Wynn D C，Clarkson P J. Review of value and lean in complex product development ［J］. Systems Engineering，2015，18（2）：192-207.

［4］Roehrich J，Davies A，Frederiksen L，et al. Management innovation in complex products and systems：The case of integrated projects teams ［J］. Industrial Marketing Management，2019，79：84-93.

［5］Lehtinen J，Aaltonen K，Rajala R. Stakeholder management in complex product systems：Practices and rationales for engagement and disengagement ［J］. Industrial Marketing Management，2019，79：58-70.

［6］王娟茹，杨瑾. 航空复杂产品研发团队知识集成关键影响因素研究 ［J］. 科研管理，2012，33（3）：72-80.

［7］马骋远，白思俊，郭云涛. 基于战略导向的复杂产品研发项目战略贴合度评价模型 ［J］. 管理现代化，2016，36（2）：101-103.

［8］黄克望，张丹平. 基于 AHP 的航空复杂产品项目研制风险模糊综合评价 ［J］. 中国市场，2018，975（20）：112-113.

［9］李芮萌，杨乃定，刘慧，等．考虑组织失效与协调的复杂产品研发项目设计变更风险传播模型［J］．中国管理科学，2022，30（10）：265-276.

［10］孙建玲，韩毅，李原．一种基于时间Petri网的航空项目数据管理模型［J］．计算机集成制造系统，2004，10（7）：775-778.

［11］孟庆浩．航空企业复杂产品研制项目管理模式探讨及信息化实现［J］．电脑知识与技术，2017，13（19）：186-187.

［12］曾德麟，欧阳桃花，周宁，等．基于信息处理的复杂产品制造敏捷性研究：以沈飞公司为案例［J］．管理科学学报，2017，20（6）：1-17.

［13］郑轶松，齐二石，裴小兵．知识地图及其在高科技复杂产品项目组织结构中的应用［J］．系统工程，2007，25（5）：116-119.

［14］陈占夺．复杂产品系统中知识管理活动与研发绩效关系研究［D］．大连理工大学博士学位论文，2008.

［15］张国峥，王娟茹．航空复杂产品研发团队知识集成能力评价［J］．情报杂志，2011，30（1）：117-121，108.

［16］龙侃．支持复杂产品设计的知识导航技术研究［D］．浙江大学硕士学位论文，2011.

［17］Xu Y, Xu Z J, Jiang X, et al. Developing a knowledge-based system for complex geometrical product specification（GPS）data manipulation［J］. Knowledge-Based Systems, 2011, 24（1）：10-22.

［18］杨延璞，余隋怀，陈登凯，等．基于知识地图的复杂产品虚拟维护训练方法［J］．中国机械工程，2013，24（2）：209-214.

［19］Wu Z, Liao J, Song W, et al. Semantic hyper-graph-based knowledge representation architecture for complex product development［J］. Computers in Industry, 2018（100）：43-56.

［20］陈可，涂平．顾客参与服务补救：基于MOA模型的实证研究［J］．管理科学，2014，27（3）：105-113.

［21］Santos J B, Spring M. Are knowledge intensive business services really co-produced overcoming lack of customer participation in KIBS［J］. Industrial Marketing Management, 2015（50）：85-96.

［22］Kohtamäki M, Partanen J. Co－creating value from knowledge－intensive business services in manufacturing firms：The moderating role of relationship learning in supplier－customer interactions ［J］. Journal of Business Research, 2016, 69（7）：2498-2506.

［23］Pina K, Tether B S. Towards understanding variety in knowledge intensive business services by distinguishing their knowledge bases ［J］. Research Policy, 2016, 45（2）：401-413.

［24］Miozzo M, Desyllas P, Lee H F, et al. Innovation collaboration and appropriability by knowledge－intensive business services firms ［J］. Research Policy, 2016, 45（7）：1337-1351.

［25］Lafuente E, Vaillant Y, Vendrell－Herrero F. Territorial servitization：Exploring the virtuous circle connecting knowledge－intensive services and new manufacturing businesses ［J］. International Journal of Production Economics, 2017（192）：19-28.

［26］Lee H F, Miozzo M. Which types of knowledge－intensive business service firms collaborate with universities for innovation? ［J］. Research Policy, 2019, 148（7）：633-1646.

［27］Chih Y Y, Zwikael O, Restubog S L D. Enhancing value co－creation in professional service projects：The roles of professionals, clients and their effective interactions ［J］. International Journal of projects Management, 2019, 37（5）：599-615.

［28］武澎, 王恒. 基于超网络的知识服务能力评价研究 ［J］. 情报理论与实践, 2012, 35（8）：93-96.

［29］陈希, 韩菁, 曹洪亮. 基于语义 Choquet 积分的知识服务能力测评方法 ［J］. 运筹与管理, 2015（5）：214-221.

［30］金春华. 供应链知识服务网络中知识投入成本策略研究 ［J］. 华东理工大学学报（社会科学版）, 2013, 28（3）：69-74.

［31］王道平, 周叶. 敏捷供应链的知识服务网络模式研究 ［J］. 情报理论与实践, 2012, 35（1）：70-74.

［32］王道平，杨岑，宁静．知识服务网络知识转移行为演化研究［J］．科学学与科学技术管理，2013，34（8）：34-42.

［33］康阳春，王海南．基于知识超网络的知识服务体系研究［J］．图书情报工作，2018，62（S1）：64-67.

［34］Beckman M J. Economic models of knowledge networks［M］// Batten D，Casti J. Networks in Action，Berlin：Springer-Verlag，1995.

［35］Kobayashi K. Knowledge network and market structure：An analytical perspective［M］. New York：Springer-Verlag，1995.

［36］Malhotra M，Nair T R G. Knowledge network model with neurocognitive processing capabilities［J］. Cognitive Systems Research，2016，40：186-201.

［37］Malhotra M，Nair T R G. Link intelligence establishing neurocognitive knowledge-processing capabilities in a knowledge network［J］. Biologically Inspired Cognitive Architectures，2016（16）：75-86.

［38］Jiang J，Xie J，Zhao C，et al. Max-margin weight learning for medical knowledge network［J］. Computer Methods and Programs in Biomedicine，2018（156）：179-190.

［39］徐汉青，滕广青，安宁，等．基于模体的知识网络结构演化及其稳定性［J］．图书馆学研究，2018（18）：82-90.

［40］肖亮，王璐雅，徐榆雯，等．多重知识网络嵌入对跨境 B2C 出口企业绩效的影响研究［J］．管理学报，2018，15（10）：1056-1063.

［41］王新华，车珍，于灏，等．知识网络嵌入和知识集聚方式对组织创新力的影响差异性：知识共享意愿的视角［J］．技术经济，2018，37（9）：46-55，91.

［42］Shahraki A A. Sustainable regional development through knowledge networks：Review of case studies［J］. Frontiers of Architectural Research，2019，8（4）：471-482.

［43］陈旭，刘春红，高长春，等．知识多样性、知识网络密度与企业创新绩效［J］．华东经济管理，2020，34（4）：38-45.

［44］谢一鸣，陈奕龙，张华．知识获取与个体创新：知识网络与合作网络

嵌入的双重作用 [J]. 科技与经济, 2018, 31 (6): 76-80.

[45] 欧阳雪. 双层知识网络结构洞对企业二元式创新绩效的影响研究 [D]. 湖南大学硕士学位论文, 2018.

[46] 高群婷. 知识网络与合作网络的结构特征对企业二元式创新的影响研究 [D]. 内蒙古大学硕士学位论文, 2018.

[47] 杨博旭. 知识网络和合作网络解耦对双元式创新的影响机制研究 [J]. 纳税, 2018, 193 (13): 248.

[48] 左小明, 李诗田. 多核集群供应网络的演进及治理 [J]. 宏观经济研究, 2011 (9): 87-92.

[49] 唐秋伟. 网络治理的模式: 结构、因素与有效性 [J]. 河南社会科学, 2012, 5 (5): 29-32.

[50] 孙国强, 范建红. 网络组织绩效影响因素的实证研究 [J]. 数理统计与管理, 2012, 31 (2): 296-306.

[51] 温晓敏, 郭丽芳. 网络治理机制对网络治理绩效的影响: 基于共生理论视角 [J]. 技术经济与管理研究, 2020 (3): 109-113.

[52] Granovetter, M. Economic action and social structure: The problem of embeddedness [J]. American Journal of Sociology, 1985, 91 (3): 481-510.

[53] 符加林. 联盟伙伴敲竹杠行为的效率损失及其治理 [J]. 企业活力, 2008 (8): 16-17.

[54] Liu Y, Luo Y, Liu T. Governing buyer-supplier relationships through transactional and relational mechanisms: Evidence from China [J]. Journal of Operations Management, 2009, 27 (4): 267-280.

[55] 彭雪红. 三维治理: 关系治理、网络治理与知识治理: 知识网络组织间合作伙伴关系的治理研究 [J]. 图书情报工作, 2010, 54 (6): 121-126.

[56] Li Y, Xie E, Teo H H, et al. Formal control and social control in domestic and international buyer-supplier relationships [J]. Journal of Operations Management, 2010, 28 (4): 333-334.

[57] Espallardo M H, Orejuela A R, Pérez M S. Inter-organizational governance, learning and performance in supply chains [J]. Supply Chain Management:

An International Journal，2010，15（2）：101-114.

[58] Sánchez J M，Vélez M L，Ramón-Jerónimo M A. Do suppliers formal controls damage distributors trust？[J].Journal of Business Research，2012，65（7）：896-906.

[59] 刘凤芹，王姚瑶.声誉机制与默认合约：一个“敲竹杠”治理方案的实证比较 [J].社会科学战线，2013（11）：55-59.

[60] 白鸥，魏江，斯碧霞.关系还是契约：服务创新网络治理和知识获取困境 [J].科学学研究，2015，33（9）：1432-1440.

[61] 李晓冬，王龙伟.基于联盟知识获取影响的信任与契约治理的关系研究 [J].管理学报，2016，13（6）：821-828，862.

[62] 邓程，杨建君，吕冲冲.契约治理模式与知识转移绩效关系研究 [J].科学学研究，2020，38（5）：877-885.

[63] 丰超，庄贵军，陈慧，等.经销商“抱团”如何改变渠道中的合同治理 [J].南开管理评论，2019，22（2）：4-13，22.

[64] 庄贵军，李汝琦，丰超，等.IT能力、渠道治理与企业间协作 [J].系统管理学报，2019，28（3）：467-475.

[65] 韩兆柱，于均环.整体性治理、合作治理与合同制治理理论比较研究 [J].天津行政学院学报，2018，20（5）：45-52.

[66] 彼得·德鲁克.大变革时代的管理 [M].赵干城，译.上海：上海译文出版社，1999.

[67] 詹勇飞，金生.基于知识整合的知识网络研究 [J].研究与发展管理，2009，21（3）：28-32，49.

[68] 娄策群，周承聪.信息生态链中的信息流转 [J].情报理论与实践，2007，30（6）：725-727.

[69] 赵蓉英，邱均平.知识网络研究（I）：知识网络概念演进之探究 [J].情报学报，2007，26（2）：198-209.

[70] 陈远，陈子夏，望俊成.企业信息化的终极目标：构建健康的信息生态系统 [J].情报杂志，2007，26（6）：108-110.

[71] Javalgi R G，Todd P R，Scherer R F. The dynamics of global e-com-

merce： An organizational ecology perspective ［J］. International Marketing Review，2005，22（4）：420-435.

［72］谭小蓓. 企业电子商务生态系统的构建与平衡研究［D］. 中南大学硕士学位论文，2011.

［73］张晓林. 走向知识服务［M］. 成都：四川大学出版社，2001.

［74］严苏，吴国蔚. 中国知识服务业国际竞争力研究［J］. 经济与管理，2008，22（6）：20-23.

［75］Teece D J，Pisano G，Shuen A. Dynamic capabilities and strategic management［J］. Strategy Management Journal，1997，18（7）：509-533.

［76］李霞，樊治平，冯博. 知识服务的概念、特征与模式［J］. 情报科学，2007，25（10）：1584-1587.

［77］王宁. 知识供应链中知识共享与知识创新机理分析［J］. 河南图书馆学刊，2008，28（5）：8-11.

［78］刘勇军. 基于语义WEB服务的供应链知识协同模式研究［D］. 武汉理工大学博士学位论文，2006.

［79］肖冬平，顾新. 基于自组织理论的知识网络结构演化研究［J］. 科技进步与对策，2009，26（19）：168-172.

［80］Dyer J H，Nobeoka K. Creating and managing a high-performance knowledge-sharing network： The Toyota case［J］. Strategic Management Journal，2000，21：345-367.

［81］Watts D J，Strogatz S H. Collective dynamics of small-world networks［J］. Nature，1998，339（6684）：440-442.

［82］Barabási A L，Albert R. Emergence of scaling in random networks［J］. Science，1999，286（5439）：509-512.

［83］何大韧，刘宗华，汪秉宏. 复杂系统与复杂网络［M］. 北京：高等教育出版社，2009.

［84］万君，顾新. 知识网络的形成机理研究［J］. 科技管理研究，2008，28（9）：243-245.

［85］李丹，俞竹超，樊治平. 知识网络的构建过程分析［J］. 科学学研

究，2002，20（6）：620-623.

［86］文庭孝，周黎明，张洋，等．知识不对称与知识共享机制研究［J］．情报理论与实践，2005，28（2）：125-128，190.

［87］刘刚．知识网络的超循环结构及协同演化［J］．科技进步与对策，2007，24（8）：145-148.

［88］郝云宏，李文博．基于耗散结构理论视角的企业知识网络演化机制探析［J］．商业经济与管理，2009（4）：23-28.

［89］肖冬平，顾新．基于自组织理论的知识网络结构演化研究［J］．科技进步与对策，2009，26（19）：168-172.

［90］Weibull J W. Evolutionary game theory［M］. Boston：MIT Press，1998.

［91］Borgers T，Sarin R. Learning through reinforcement and replicator dynamics［J］. Journal of Economic Theory，1997（7）：1-14.

［92］彭本红，周叶．企业协同创新中机会主义行为的动态博弈与防范对策［J］．管理评论，2008，20（9）：3-8.

［93］王道平，宁静，杨岑．基于系统动力学的敏捷供应链知识服务网络演化问题研究［J］．情报理论与实践，2012，35（8）：35-38.

［94］Carley K M. Information technology and knowledge distribution in C3I teams［C］. Vienna：Proceedings of the 2002 Command and Control Research and Technology Symposium，2002.

［95］Seufert A，von Krogh G，Bach A. Towards knowledgenet working［J］. Journal of Knowledge Management，1999，3（3）：180-190.

［96］Skyme D. Knowledge Networking：Creating the Collaborative Enterprise［M］. London，New York Routledge，2007.

［97］孙慧中．不同网络治理模式下知识共享的特点与利用［J］．现代财经（天津财经大学学报），2007（6）：27-32.

［98］彭正银．网络治理：理论与模式研究［M］．北京：经济科学出版社，2003.

［99］Klein B. Why hold-ups occur：The self-enforcing range of contractual relationships［J］. Economic Inquiry，1996.

[100] 罗纳德·伯特. 结构洞：竞争的社会结构 [M]. 上海人民出版社, 2008.

[101] 李志刚, 汤书昆, 梁晓艳, 赵林捷. 产业集群网络结构与企业创新绩效关系研究 [J]. 科学学研究, 2007 (4): 777-782.

[102] Maslow A H. A theory of human motivation [J]. Psychological Review, 1943, 50 (4): 370-396.

[103] Alderfer C P. Existence, relatedness, and growth: human needs in organizational settings [M]. New York: The Free, 1972.

[104] McClelland D C. The achieving society [M]. Princeton: Van Nostrand, 1961.

[105] Herzberg F. One more time: How do you motivate employees? [J]. Harvard Business Review, 1968 (5): 46-57.

[106] Herzberg F. The motivation to work [M]. New York: John Wiley & Sons, 1959.

[107] Vroom V H. Work and motivation [M]. New York: John Wiley & Sons, 1964.

[108] Adams J S. Inequity in society exchange [J]. Advances in Experimental Social Psychology, 1966, 2 (4): 267-299.

[109] Locke E A. Toward a theory of task motivation and incentives [J]. Organizational Behavior and Human Performance, 1968, 3 (2): 157-189.

[110] Lewin K. Field theory in social science [J]. American Catholic Sociological Review, 1951, 12 (2): 103.

[111] Porter L W, Lawler E E. Managerial attitudes and performance [M]. Homewood, IL: Irwin-Dorsey, 1968.

[112] 陈偲苑, 张巍. 建设工程最优激励合同机制的设计 [J]. 重庆大学学报 (自然科学版), 2006, 29 (9): 147-151.

[113] Kreps D. Game theory and economic modelling [M]. Oxford: Clarendon Press, 1990.

[114] Mailath G J, Samuelson L. Who wants a good reputation? [J]. Review of

Economic Studies, 2001, 68 (3): 714-714.

[115] Turner J R, Simister S J. Projects contract management and a theory of organization [J]. International Journal of projects Management, 2001 (8): 457-464.

[116] 邱聿旻, 程书萍, 巫城亮, 等. 基于关系合同的重大工程隧道行为治理模型 [J]. 工程管理学报, 2018, 32 (2): 97-102.

[117] Husted K, Michailova S, Minbaeva D B, et al. Knowledge-sharing hostility and governance mechanisms: An empirical test [J]. Journal of Knowledge Management, 2012, 16 (5): 754-773.